EDUARD KOPP / BURKHARD WEITZ

Wofür sind die Engel da?

EDUARD KOPP
BURKHARD WEITZ

Wofür sind die Engel da?

RELIGION FÜR EINSTEIGER

Inhaltsverzeichnis

Vorwort

„Auge um Auge, Zahn um Zahn" – eine gute Regel? Glauben Frauen anders als Männer? Kann man Judas verzeihen? Was sagen die Kirchen zur Organspende? Wem gehört Jerusalem? Fragen wie diese sind einfach zu wichtig, als dass man sie in Fachsimpeleien ersticken und verschütten dürfte.

Sie halten ein Buch in den Händen, in dem es um lebensnahe religiöse Fragen und Antworten geht. Die Texte sind hervorgegangen aus der Serie „Religion für Einsteiger" des evangelischen Monatsmagazins chrismon. Geschrieben wurden sie von zwei Journalisten, die zugleich Theologen sind. Sie richten sich an die weit über einer Million Leserinnen und Leser des Magazins. Doch schon bald, nachdem die Serie vor mehr als zehn Jahren gestartet war, zeigte sich: Auch Lehrer, Pfarrer und Professoren greifen zu diesen Texten, nutzen sie in Unterricht, Predigt, Vorlesungen. Die Beiträge tauchen inzwischen in Sammlungen für Abiturprüfungen und in der Ausbildung von Pfarrern auf. Denn überall machen Fachleute und Ehrenamtliche eine ähnliche Erfahrung. Das religiöse

Wissen schwindet von Generation zu Generation, die Neugier auf religiöse Antworten ist oft größer als das Wissen.

Auf eine direkte, einfache Frage eine direkte, klare Antwort zu geben, das genau versucht dieses Buch. Es soll kompakt informieren und zu Debatten anregen, zwischen den Konfessionen, zwischen Männern und Frauen, zwischen kirchennahen und -distanzierten Leserinnen und Lesern, zwischen Religionsliebhabern und Skeptikern. Es soll nicht in ein Dickicht großer Theorien und kleiner Fußnoten hinein-, sondern aus ihnen herausführen. Und dabei soll es auch unterhalten.

Dass dabei manches Klischee, in das Politiker und Medienleute verliebt sind (zum Beispiel das oft strapazierte „Auge um Auge, Zahn um Zahn"), auf der Strecke bleibt, ist ausdrücklich gewollt.

Eduard Kopp

Leitender theologischer Redakteur chrismon

Was muss man wissen, um zu glauben?

Eigentlich nichts. Aber Wissen ist immer nützlich, gerade wenn Christen über Traditionen streiten oder sich von ihnen befreien wollen

Die ersten Christen kamen ohne religiöses Wissen aus, ohne komplizierte Lehren, ohne lange Bekenntnisse. Sie folgten dem Beispiel Jesu. Glauben hieß für sie, in Jesu Liebe beständig zu bleiben. Sie waren überzeugt, dass Jesus der Christus, also der Messias sei und als gnädiger Weltenrichter wiederkehren werde.

In den Sprachen der Bibel ist „glauben" gleichbedeutend mit „treu sein" und „vertrauen". Glauben ist eine Haltung – wie Liebe und Hoffnung (1. Korinther 13). Biblischer Glaube richtet sich nicht auf Lehrsätze oder Dogmen, die man sich merken oder für wahr halten kann.

Das systematische Nachdenken über theologische Fragen begann erst, als es schon gut 100 Jahre Christen gab. Die ersten Theologen waren Leute, die religiöse Erkenntnis (Gnosis) suchten. Sie spekulierten etwa, dass es eine reine geistige Sphäre über der korrupten materiellen gebe. Dass der biblische Schöpfergott bloß die physische Welt geschaffen habe und ein miserabler Handwerker sei. Dass die Schlange Adam und Eva nicht zum Bösen verführt, sondern sie in Geheimnisse der geistigen Welt eingeweiht habe. Gegen solche Verdrehungen formulierten andere Kirchenlehrer Glaubenssätze. Sie sagten zum Beispiel: „Ich glaube an Gott, den Allmächtigen, Schöpfer des Himmels und der Erden" – und bekannten sich damit zum alten biblischen Schöpfungsglauben, der bis heute Christen und Juden verbindet. Von da an zählte man zum Glauben auch das Wissen um Lehren und Bekenntnisse.

Bis in die Moderne müssen sich Christen immer wieder gegen alle möglichen schrägen Lehren wehren. Die

Barmer Theologische Erklärung von 1934 grenzte sich gegen Versuche ab, die nationalsozialistische Rassenlehre in die christliche Theologie aufzunehmen. Der Ökumenische Rat der Kirchen stellte sich in den 1970er Jahren offen gegen die Rassentrennung in Südafrika – und dagegen, dass südafrikanische Christen sie auch noch guthießen. Anfang der 1980er Jahre erklärte der Reformierte Bund: Wer sich zu Jesus Christus bekennt, muss die Stationierung von Massenvernichtungswaffen ablehnen.

Immer wieder haben sich kirchliche Lehrsätze – Dogmen, sagen die Theologen – als anfechtbar, diskutierbar erwiesen. „Auch Konzilien können irren", sagte der Reformator Martin Luther 1519 während einer Disputation – und verärgerte manchen Kirchenfürsten.

Religiöse Lehren zu kennen hat mit Glauben erst einmal nichts zu tun. Sie ersetzen nicht das Festhalten an der Liebe Christi. Sie schaffen auch kein Gottvertrauen, wenn es darauf ankommt. „Wir sind allesamt zu dem Tod gefordert, und keiner wird für den andern sterben, sondern jeder in eigener Person für sich mit dem Tod kämpfen", predigte Luther einmal: „In die Ohren können wir wohl schreien, aber ein jeder muss für sich selbst geschickt sein in der Zeit des Todes."

Dennoch ist es gut, wenn sich Gläubige in ihrer Glaubenstradition auskennen. Will man über Traditionen streiten, sich gar von ihnen befreien, hilft Klarheit darüber, wie und warum sie überhaupt entstanden. Zum Beispiel Klarheit über die Lehre, die Sünde werde seit Adam und Eva von einer Generation auf die nächste im Geschlechtsakt vererbt.

Mit dieser Lehre von der Erbsünde setzte sich im fünften Jahrhundert ein pessimistisches Menschenbild durch. Da wurde Sexualität verurteilt, Pfarrer und Eltern redeten Kindern Schuldgefühle ein. Heute sagt das so kaum noch jemand. Wer Lehren anzweifelt, glaubt deshalb nicht weniger als andere.

Theologische Bildung hat eine emanzipatorische Wirkung. Sie macht deutlich, dass scheinbare Gewissheiten nicht immer allen gewiss waren. Sie bewahrt vor kirchlicher Bevormundung und davor, Irrwege kritiklos mitzulaufen. Vor allem hilft sie, ein eigenes Glaubensverständnis zu entwickeln. Den Reformatoren war das klar – sie förderten deshalb das Bildungswesen. Um zu glauben, muss man nicht viel wissen. Aber viel Wissen kann ungeheuer nützlich sein.

Burkhard Weitz

Wo ist der Himmel?

In einem Loch in der Kirchendecke. Auf den Displays
von Wetterforschern. In den Armen der Geliebten.
Vor allem aber ist er ein anderes Wort für des Menschen
Hoffnungen

Nein, in den Himmel kommen will bei weitem nicht jeder. In der Hölle sind eindeutig die interessanteren Leute, sagt ein Sprichwort. Ob Menschen nun auf der Suche nach Unterhaltung und Ablenkung die Hölle ansteuern oder – auch das ist Volksweisheit – die gepflegte Langeweile des Himmels vorziehen: Für mehr als ein paar skurrile Gedankenspiele über den Himmel haben die wenigsten heute einen Sinn. Ein Auf- oder Abstieg ins Jenseits – wie sollte das schon gehen?

Wie sinnfällig wusste doch die traditionelle Frömmigkeit das Entschwinden des Auferstandenen zu Himmelfahrt zu machen: Ein geschnitztes Christusbild entschwand durch das „Heiliggeistloch" in der Kirchendecke. Das wurde dann rasch wieder durch ein Brett verschlossen, auf dem das dreieckige Auge Gottes sichtbar wurde.

Wo ist der Himmel? Im nicht nur bayerischen Volksglauben eindeutig oben. Aber das kann nicht die ganze Wahrheit sein. Dann wären das alltägliche Leben und das, was auf die Menschen eines Tages wartet, grundverschiedene Sphären und vollkommen voneinander getrennt. Doch die Himmelsfantasten wandeln sich immer wieder. Durch die Kirchengeschichte mäandern die Vorstellungen: Mal sind Himmel und Erde radikal unterschiedlich, mal greifen sie ineinander.

Lutherische Theologen betonen, dass Himmel und Erde zusammenhängen, dass sich göttliches Handeln nicht nur im Jenseits ereignet, sondern auch auf Erden. Das Himmelreich zeigt sich eben auch in unserem Alltagsleben. Da gibt es in den verschiedenen evangelischen Konfessionen durchaus unterschiedliche Akzente: Während die evangelisch-lutherischen Christen zum Beispiel betonen, dass Christus, der in den Himmel Aufgenommene, überall auf Erden präsent ist, betonen die Evangelisch-Reformierten: Himmel und Erde sind von Grund auf verschieden. Man kann also sagen: Für manche Christen ist der Himmel ganz nah, für andere weiter weg. Aber alle stimmen darin überein: Christus hat durch seinen Tod und seine Auferstehung den Himmel für die Menschen geöffnet.

Jede Epoche der Kirchengeschichte kennt den Glauben an das ewige Leben „im Himmel". Ob dort Menschen außer Gott auch ihren Vorfahren, Ehepartnern, Kindern und Freunden begegnen, darüber gibt es keine einhellige Meinung der Theologen. Luther stritt ab, dass im Himmel der verstorbene Ehepartner wartet. Ob der Himmel nun der Ort der seligen Gottesschau oder das wiederhergestellte Paradies ist: das muss letztlich offenbleiben.

Immer noch geprägt sind unsere Himmelsvorstellungen aus einer Zeit, in der es eine Unterwelt und eine himmlische Oberwelt gab. In der Antike wurde der sichtbare Himmel, das Firmament, als Abglanz des göttlichen Lichts verstanden. In manchen Theologien, nicht zuletzt in alten Kirchenliedern, sind auch Relikte von orientalischen und griechischen Vorstellungen der Antike enthalten: der Himmel als eine Art jenseitiger Palaststaat, mit Erzengeln und Engeln. Hier zeigt sich Gott in seiner Herrlichkeit, und in seiner Nähe finden die Gerechten ihr vollkommenes Glück.

Heute gilt der Himmel viel eher als ein Synonym für Gott – für seine Liebe und Zuwendung zum Menschen. Wenn es heißt, ein Mensch sei nach dem Tod „im Himmel", dann bedeutet das: Er oder sie ist direkt bei Gott, frei von allen Begrenzungen, aller Last, allen Ängsten und körperlichen Gebrechen. Der Himmel war auch immer eine Folie für die Hoffnungen der Menschen auf ausgleichende Gerechtigkeit und versagten Lohn.

Der Himmel hat mehr mit den Menschen zu tun als mit Wolken, Luftströmungen und elektrischen Ladungen. Die aufkommenden Naturwissenschaften jedenfalls haben die Jenseitsfantasien der Theologen kräftig gezähmt. Und die Philosophie der Aufklärung hat den Himmel statt mit Jenseitsspekulationen mit allerlei irdischen Utopien versehen. Die glückliche Schau Gottes allein reichte nicht mehr, die Welt wurde zu einem Ort unbegrenzter Möglichkeiten, ungehinderten Fortschritts und grenzenloser Erfüllung. Der Himmel auf Erden sozusagen.

Eduard Kopp

Gibt es ihn noch, den Heiligen Geist?

Vater, Sohn – schon klar. Der Rest ist reine Nervensache. Die Wissenschaft kommt heute ohne „Geist" aus, der Mensch eher nicht

Er ist wie ein Lufthauch. Das fanden zumindest die alten Hebräer, Griechen und Römer, wenn sie vom Geist sprachen. Eine flüchtige Substanz, nicht zu fassen. Im Atem spürbar und mit dem letzten Atem ausgehaucht. Durch ihn werde der Mensch zur Person, ansprechbar und selbst ein Sprechender. Man dachte, es müsse ein Hauch sein, weil die menschliche Stimme ja auch nur erklingt, solange Luft über die Stimmbänder streicht.

„Nimmst du ihren Geist weg, so vergehen sie und werden wieder Staub", sagt Psalm 104,29–30 über die Geschöpfe. Und über Gottes Geist: „Du sendest deinen Geist aus, so werden sie geschaffen, und du machst neu das Antlitz der Erde." Statt Geist könnte man auch übersetzen: Atem.

Und da der Mensch die Natur und ihre Gesetze mit seinem Geist versteht, müsse all dies auch nach einem höheren Geist gestaltet sein. Nach Gottes Geist. Davon gingen die meisten Gelehrten bis in die Neuzeit aus. Der menschliche Geist sei bloß ein Abbild dieser höchsten Intelligenz.

Heute kommen Wissenschaftler ganz ohne einen Geist aus, auch ohne den Heiligen Geist. Vieles deutet darauf, dass Wahrnehmen und Erleben, Denken und Wollen reine Nervensache sind. Geistige Einschränkungen wie der Verlust von Sprache, Gedächtnis und emotionaler Selbstkontrolle gehen auf schwere Verletzungen in bestimmten Hirnarealen zurück. Psychopharmaka verändern Persönlichkeiten und geben Patienten das Gefühl, fremdgesteuert zu sein. Computer simulieren, wie aus Gedanken Entscheidungen werden.

Ist also der menschliche Geist lediglich das, was Neurologen und Hirnforscher messen, beeinflussen und nachmodellieren können? Nicht unbedingt. Der Geruch klarer Luft nach einem Sommerregen, der bohrende Kopfschmerz, die verzehrende Sehnsucht nach einem Menschen, all das hat realen Erlebnisgehalt und ist mehr als ein Nervensignal. Auch meint das Wort Geist mehr als Gehirnaktivität. Menschlicher Geist entsteht im Zusammenleben mit anderen. Der Mensch ist ein soziales Wesen, auch ein kulturelles. Dank seinem Geist überwindet er natürliche Grenzen. Er kann sich rasend schnell fortbewegen, sich selbst verstehen, sich sogar selbstlos verhalten.

Und was ist jetzt der Heilige Geist? Der habe ihn ergriffen, sagt der Apostel Paulus. Der Geist Christi, des Jesus von Nazareth, habe sich seiner bemächtigt und sein Leben verändert. Dieser Geist habe die Liebe Gottes in sein Herz und in die Herzen seiner Mitchristen gegossen, so formuliert es Paulus im Römerbrief 5,5. Womit er nicht bloß eine von vielen Sektenerfahrungen beschrieb! Die Bürgerbewegung, für die Paulus warb, hat für das Neue geschwärmt, aber auch die Verhältnisse verändert, Gefangene versorgt, Spenden für Hilfsbedürftige aufgetrieben, Sklaven freigekauft.

Und sie gab solche Wohltaten nicht als die eigenen aus, sondern schrieb sie dem Geist zu, der in ihr wirkte. Er ist sicherlich nichts Substanzhaftes – kein Lufthauch, wie man sich das zu biblischen Zeiten vorgestellt haben mag. Er ist aus der Sicht der Glaubenden diejenige Kraft, die Menschen grundlegend im Sinne Christi verändert – Anlass für ein Pfingstfest 50 Tage nach Ostern, der Feier der Auferstehung.

Manchmal scheint es, als bringe dieser Geist ganze politische Systeme zu Fall. „Lass Deinen Geist herabsteigen und das Antlitz der Erde erneuern. Dieser Erde!" Mit dieser Anspielung auf Psalm 104,30 betete Papst Johannes Paul II. im Juni 1979 während einer Messe auf dem Warschauer Piłsudski-Platz vor einer halben Million Zuhörer. Ein Jahr später streikten in Danzig die Werftarbeiter, zehn Jahre später fiel der Eiserne Vorhang, ganz ohne Gewalt.

Nach christlichem Verständnis ist es dem „Heiligen Geist" zuzuschreiben, wenn Menschen eine wirklich befreiende Wendung in ihrem Leben erfahren. Dass dann ein neuer Geist im Leben dieses Menschen weht, ist dafür die angemessene Deutung. Aber nichts, was einen Ausschlag auf irgendeinem Messgerät hinterließe.

Burkhard Weitz

Vermittelt die Waldorfschule einen eigenen Glauben?

Viele evangelische Eltern schicken ihre Kinder
zu den Anthroposophen – oft wissen sie gar nicht,
welche Vorstellung von Gott es dort gibt

Heiner Lauterbach war da und Martin Semmelrogge, Cosma Shiva Hagen und Barbara Becker, Sandra Bullock und Ferdinand Alexander Porsche: Sie alle besuchten Waldorfschulen. Und man darf sagen: Sie sind, jede auf ihre Art, markante Personen, auf die sich gern die Kameraaugen richten oder – im Fall des Porsche-S911-Entwicklers – gerichtet haben.

Verdanken sie ihre Selbstdarstellungsgabe und ihre Kreativität etwa der Pädagogik und Religion Rudolf Steiners? Oder sind sie kreativ, obwohl sie die Steiner-Schulen durchlaufen haben? Denn einer der großen Sätze Steiners scheint doch die Individualität des Menschen kleinzuschreiben: dass der Mensch ein Tropfen aus dem unendlichen Meer des Göttlich-Geistigen sei. Wörtlich: „Wie der Tropfen sich zu dem Meer verhält, so verhält sich das ‚Ich' zum Göttlichen" (aus: Die Geheimwissenschaft im Umriss).

Es ist sinnvoll, dass sich evangelische Eltern mit dem anthroposophischen Menschenbild auseinandersetzen, wenn sie ihre Kinder in eine Waldorfschule schicken. Denn die Anthroposophie trägt alle Kennzeichen einer eigenen Weltanschauung, und sie enthält viele christliche Bausteine (zum Beispiel einen sehr speziellen Christus-Glauben), aber auch etliche, die eher indischen Ursprungs sind (wie ein besonderer Glauben an die Wiedergeburt des Menschen).

Ohne diese religiöse Anthroposophie sind die Waldorfschulen nicht zu denken, auch wenn nicht alle Waldorflehrer Anthroposophen sind und Anthroposophie nicht als Fach gelehrt wird. Aber je nachdem, wie groß die missionarischen Ambitionen der Lehrer und ihre Verehrung für

Rudolf Steiner sind, kommt auch im Unterricht diese Weltanschauung zum Tragen.

Anthroposophen glauben an die Reinkarnation des Menschen, also die regelmäßige Wiederkehr des Individuums auf die Erde. Zwischen den einzelnen Leben können mehrere Jahrhunderte liegen. Menschen werden immer als Menschen wiedergeboren, anders als im Buddhismus oder Hinduismus, wo auch Tiere und Pflanzen eine Seele beheimaten können. Reinkarnation, wie sie Anthroposophen verstehen, ist kein quälendes schicksalhaftes Durchlaufen der stets gleichen Torturen. Sie sind eine Wegstrecke zur „Vergeistigung" des Menschen, jene Arbeit am „Ego". Es ist eine gewaltige Anstrengung, das Göttliche in sich zur Entfaltung zu bringen.

Wenn ein Mensch geboren wird, tritt er aus der geistigen Welt in die physische Welt, ein bisher unsichtbares Wesen inkarniert. Nach Steiners Auffassung ist das gegenwärtige Leben mitbestimmt und mitgeprägt vom vorherigen Leben. Genau hier liegt eine der unüberbrückbaren Differenzen zum Christentum. Nach dem biblischen Menschenbild gilt der Mensch als von Gott geschaffen, er ist in seiner Individualität Gottes Ebenbild. Das gibt ihm eine einzigartige, personale Würde. Für Christen gibt es nur ein Erdenleben, keine zahlreichen Wiederholungen desselben, bis der Mensch zur Vollendung gelangt ist. Der Grund, theologisch formuliert: Wer von Christus erlöst ist, muss sich nicht selbst erlösen.

Hinter der materiellen Welt steht nach Steiners Auffassung eine höhere göttlich-geistige Welt. Sie ist die eigentliche, die viel wichtigere als die so unvollkommene auf Erden.

Entscheidend ist, welche Schlüsse man aus diesem religiösen Dogma Steiners zieht: Führt es zur Entwertung oder zur Aufwertung des Menschen? Wohlmeinende Waldorflehrer werden es im zweiten Sinn verstehen.

Manches erscheint Christen rätselhaft in Steiners religiösem Kosmos. Die angebliche Vorgeschichte Jesu gehört dazu: dass zwei Jesusknaben sich in einen verwandeln. Das klingt sehr spekulativ.

Mythisches gehört schon gar nicht in den Biologieunterricht, sollte man denken. Und doch fallen da schon mal Worte wie: „In den sichtbaren Formen und Gestalten der Pflanzen erscheint die Seele oder Seelenwelt der Erde."

Eduard Kopp

Ist Gott eine Erfindung des Menschen?

Der Glauben ist ein geistiger Virus, sagt der eine. Reine Einbildung, ein anderer. Da fragt sich doch, warum das seit Jahrtausenden so hält

Der Mensch schuf Gott nach seinem Ebenbild. So könnte man, in Umkehrung eines Satzes aus der biblischen Schöpfungsgeschichte, den Philosophen Ludwig Feuerbach zitieren. Feuerbach (1804–1872) hielt Gott für eine Projektion des Menschen: Das, was er zu erkennen glaubt, ist nur ein Spiegelbild seiner seelischen und körperlichen Bedürfnisse. Ein ganzes System von Gedanken und Bräuchen bildete sich aufgrund dieser Projektionen im Laufe der Geschichte heraus. Der Ursprung der Religion liegt aber im Menschen selbst.

Auch Sigmund Freud (1856–1939), der Vater der Psychoanalyse, hält die Religionen für menschengemacht. Seine Beobachtung setzt bei der Angst und Bedürftigkeit des Menschen an: Glauben ist für ihn organisierter Widerstand gegen die eigene Angst und gegen Begrenzungserfahrungen. Auch hilft der Glauben, überschäumende Emotionen wie den Hass aufzufangen und auf jenseitige Instanzen abzuleiten. Der Ursprung der Religion liegt auch für Freud im Menschen selbst.

Interessant, aber strittig ist ein dritter Anhänger der Theorie, dass der Mensch Gott erschuf und nicht umgekehrt. Die Version von Richard Dawkins (geboren 1941), einem britischen Zoologen: Der Mensch erfand die Religion, weil sie ihm Vorteile bringt in der Evolution. Glaube macht stark und entschlossen. Es bringt, so Dawkins, Selektionsvorteile, sich an den Satz zu halten: „Glaube alles, was die Erwachsenen dir sagen, ohne weiter nachzufragen" („Der Gotteswahn"). Der Nachteil solchen Vertrauens: sklavische Leichtgläubigkeit. Für Dawkins ist der Glauben ein geistiger

Virus, religiöse Erziehung Kindesmissbrauch. Religion, die vermeintliche Stütze fürs Leben, erscheint ihm als Fessel. Die Erfindung der Religion schlägt auf den Erfinder zurück.

Aber stimmt das? Dass der Glauben Vorteile für die Bewältigung des Lebens bietet, heißt noch nicht, dass Menschen ihn aus freien Stücken entworfen hätten. Auch wenn die Anfänge der Religionen weitgehend im Dunkeln liegen, legen schon die ältesten Kulte Wert darauf, dass sie geoffenbart und keineswegs von Sehern oder Priestern erfunden wurden. Eine Schutzbehauptung? Nein, Religion wurde und wird grundsätzlich als eine dem Menschen von außen entgegentretende Welt verstanden. Fulbert Steffensky, der evangelische Theologe und Buchautor, hat es einmal auf die Formel gebracht: „Es gibt keine Befreiung in der eigenen Tiefe."

Allerdings gab es in der evangelischen Kirche auch eine Überpointierung des Gedankens, dass alles von Gott kommt, nur wenig vom Menschen: zum Beispiel in der „Dialektischen Theologie" des Schweizers Karl Barth. In seiner Theologie treten die menschlichen Stärken weitgehend zurück. Alles, was der Mensch hat, verdankt er letztlich Gott. Diese radikale Position verliert in der evangelischen Kirche zunehmend an Bedeutung, die menschliche Psyche kommt mehr in den Blick.

Ein „erfundener" Glaube, der nur das Spiegelbild der eigenen Bedürfnisse wäre, würde sich selbst überflüssig machen. Gerade weil Glaube mehr ist als die Summe persönlicher Erfahrungen, wirkt er wie ein notwendiges Korrektiv im Alltag. Religionen zeichnen sich dadurch aus, dass sie auf die Lebens- und Glaubenserfahrungen von etlichen Generationen zurückgreifen. Auch die Bibel ist eine solche Sammlung von Glaubensberichten aus vielen Jahrhunderten, jeder aus eigenen Erfahrungen erwachsen. Aber man darf zwei Dinge nicht verwechseln: die Subjektivität der Schilderungen und eine freie „Erfindung" des Glaubens. Menschen suchen zu allen Zeiten nach eigenen Worten für ihren Glauben und eigenen Bildern für ihren Gott, aber das bedeutet nicht, dass sie zu Religionsstiftern würden.

Manchmal wird der Glauben verglichen mit dem Vertrauen und der Liebe zwischen zwei Menschen. Zwar mag es Verliebten so erscheinen, als hätten sie die Liebe erfunden und niemand vor ihnen hätte so intensiv geliebt wie sie selbst. Doch spricht einiges dafür, dass es die Liebe auf Erden immer schon gegeben hat.

Eduard Kopp

Glauben Frauen
anders als Männer?

In religiösen Fragen sind Frauen mehr
mit dem Herzen dabei als Männer, und unter
ihrem Himmel geht es auch viel bunter zu.
Sagen die Sozialforscher

Nach der Bemerkung des Münchner Theologieprofessors Friedrich Wilhelm Graf, die jungen Theologiestudentinnen von heute glaubten vermehrt an einen „Kuschelgott", ist die Suche nach geschlechtsspezifischen Glaubensunterschieden munter im Gange. Glauben Frauen anders als Männer? Es geht hier nicht um die „Nähe zur Kirche" oder die „Häufigkeit des Gottesdienstbesuchs" – beides häufig erhobene Daten, bei denen die Frauen als sehr viel engagierter erscheinen als die Männer. Es geht um die Glaubensinhalte: An welchen Gott, an welche „Mächte" glauben sie? Wem räumen sie Einfluss auf ihr Leben ein?

Empirische Studien scheinen zu belegen: Frauen haben einen bunteren Glauben als Männer. Auch wenn sie in den Gemeinden ganz traditionell von den Festkomitees bis zu den Basaren engagiert sind, finden unter ihrem Himmel die unterschiedlichsten Glaubensvorstellungen Platz. Mit fast zehn Prozentpunkten mehr als die Männer interessieren sie sich für Geister und Engel, auch für die Themen Schicksal und Vorherbestimmung (16 Prozent Differenz zu den Männern), Seelenwanderung (acht Prozent) und Astrologie (sechs Prozent). So zeigte es sich beispielhaft in einer Emnid-Untersuchung für „chrismon" vor ein paar Jahren.

Es gibt tatsächlich Unterschiede. Aber worin bestehen sie genau? Etwa in dem Vertrauen auf einen „personalen Gott" (also einen Gott, der sich wie ein Gegenüber, ein Partner, ansprechen lässt und in das Leben der Menschen direkt eingreift) oder eher auf einen, der sich in Emotionen – Stichwort „Kuschelgott" – oder in der Natur spüren lässt, eine starke unsichtbare Macht, die das ganze Leben beeinflusst?

Wenn es diese Geschlechterdifferenz tatsächlich gibt, müsste sie sich am deutlichsten in der älteren Generation belegen lassen. „60 plus" wird ja weithin als Stütze der Kirche verstanden. In einer Studie des Sozialwissenschaftlichen Instituts der Evangelischen Kirche mit dem Titel „Uns geht's gut" fand Petra-Angela Ahrens heraus: Dass Gott „in den Herzen der Menschen ist", glauben 41 Prozent der Frauen, aber nur 35 Prozent der Männer. Das ist allerdings nicht gerade ein dramatischer Emotionsüberschuss bei den Frauen. Leichte Differenzen gibt es auch bei anderen theologischen Themen: 36 Prozent der befragten Frauen (evangelische und konfessionslose) glauben, dass Gott allmächtig ist, aber nur 30 Prozent der Männer. Dass Gott über ihr Schicksal bestimmt, sagen 36 Prozent der Frauen, nur 28 Prozent der Männer. Und dem Satz „Gott ist abwesend, aber er existiert" stimmen 30 Prozent der Frauen, aber nur 22 Prozent der Männer zu.

Sind Frauen also emotionaler und schicksalsgläubiger als Männer? Nein, der Unterschied ist ein ganz anderer, wie das Sozialwissenschaftliche Institut der Evangelischen Kirche herausgefunden hat: Frauen grenzen sich „etwas deutlicher von der agnostischen, indifferenten und atheistischen Haltung ab" als Männer. Sie sind offener für religiöse Themen. Der große Trend ist: Bei den Glaubensinhalten werden die reinen Geschlechtsunterschiede immer bedeutungsloser.

Größere Differenzen ergaben sich allerdings zwischen den unterschiedlichen Glaubenstypen: Bin ich „teiltraditionell", „balancierend", „suchend" oder „modern"? Innerhalb dieser Gruppen stimmen Frauen und Männer ziemlich überein (Studie „Männer und Kirche" von Reiner Knieling). Die Traditionellen zum Beispiel leben weithin nach der Devise: Männer sichern das Einkommen, Frauen das Auskommen. Die modernen Männer hingegen arbeiten in der Familie mit, Frauen üben ihren Beruf aus.

Dass das eigene Geschlecht für den Glauben wichtig ist, beruht weitgehend auf einem Sehfehler. Denn je traditioneller die Männer und Frauen sind, desto eher meinen sie, dass Frauen religiöser und gläubiger sind als Männer. „Teiltraditionelle" meinen das noch zu 50 Prozent, moderne nur noch zu 20 Prozent. Wunsch und Wirklichkeit fallen hier allzu offensichtlich auseinander. Glauben Frauen anders? Von Generation zu Generation immer weniger.

Eduard Kopp

Wann geht die Welt unter?

Schwere Frage. Biblische Apokalyptiker fordern jedenfalls dazu auf, drohende Katastrophen nicht mit Fatalismus auszusitzen, sondern Haltung anzunehmen

Morgen letzter Tag

Angeblich sollte bereits am 21. Dezember 2012 Schluss sein. An dem Tag endete der Mayakalender und mit ihm die vierte und angeblich letzte Epoche der Weltgeschichte – sofern man modernen Interpreten der Mayamythen Glauben schenken darf.

Tatsächlich ließen sich manche Weltuntergangspropheten von solchen Berechnungen beeindrucken. Einige Astrologen meinen, Konstellationen am Himmel ausmachen zu können, die ein baldiges Ende beweisen. Das I-Ging – ein schwer verständliches, aber für die chinesische Philosophiegeschichte bedeutendes Werk, in das New-Age-Apostel alles Mögliche hineinlesen – sollte nun angeblich auch diesen Untergang voraussagen. Sogar ein indischer Guru, verehrt als Inkarnation des Gottes Vishnu, hatte sich für eine entsprechende Ansage hergegeben.

Da konnten Mayaexperten wieder und wieder betonen, das Ende eines Mayazeitalters müsse keinesfalls den Weltuntergang nach sich ziehen: Wer es glauben will, dem hilft auch besseres Wissen nicht.

Dass die Welt irgendwann untergeht, ist unstrittig. Spätestens in fünf Milliarden Jahren, so lautet die geläufige Auskunft von Wissenschaftlern, werde sich die Sonne ausdehnen und die Erde vernichten. Mancher befürchtet allerdings, dass sich die Menschheit vorher selbst ihrer Lebensgrundlagen beraubt. In den 1980er Jahren dominierte die Angst vor einem nuklearen Winter, wenn sich zwei Supermächte mit Atomwaffen gegenseitig auslöschen. Heute erscheint der vollständige Kollaps des Ökosystems Erde eher wahrscheinlich. Und die Frage wird immer dringlicher, ob es der Menschheit gelingt, diese Katastrophe abzuwenden.

Weltuntergangsszenarien erschrecken nicht nur, sie faszinieren auch. Kaum jemand glaubte vor ein paar Jahren ernsthaft, am 21. Dezember sei alles vorbei. Die Zeitungen vermeldeten weder massenhafte Büßerbewegungen noch dass Menschen ihr Hab und Gut verkauften und den Erlös an die Armen verteilten.

Eher sind solche Szenarien eine Art Gedankenexperiment: Wie würde man sich selbst angesichts des drohenden Endes verhalten? Man kann sich der Antwort empirisch nähern, indem man Menschen befragt, die wegen einer Krankheit nur noch eine begrenzte Zeit zu leben haben. Sie antworten oft, dass sie in der verbleibenden Zeit am liebsten Dinge tun, die ihnen vertraut sind: eben keine Weltreise, keine Exzesse, sondern einfach die Normalität genießen und ihrer Kostbarkeit gewahr werden.

Man kann sich diesem Gedankenexperiment auch künstlerisch nähern. Der Regisseur Lars von Trier tut dies in seinem Film „Melancholia". Eine der Hauptfiguren, Justine, streitet sich auf ihrer Hochzeitsfeier mit dem anwesenden Arbeitgeber und mit ihrem Mann – und verliert Job und Ehe. Nach dem Zusammenbruch nimmt sich ihre tatkräftige Schwester Claire Justines an. Dann nähert sich ein fremder Planet der Erde. Claires Mann John leugnet die Gefahr. Er glaubt Berechnungen, nach denen die Erde verschont bleibt. Claire verliert angesichts der drohenden Katastrophe die Fassung. Die sonst depressive Justine dagegen blüht auf.

Man kann „Melancholia" auch als Metapher für den Untergang einer verlogenen bürgerlichen Welt deuten. So verstanden biblische Apokalyptiker die Anzeichen des drohenden Weltuntergangs. Eine Katastrophe von kosmischer Dimension stehe bevor, doch ein heiliger Rest des Volkes werde ihr entgehen und noch einmal neu anfangen – wie Noah nach der Sintflut. Ein Gottesgericht werde das Desaster beenden. Die Bösen würden verworfen und die Guten freigesprochen werden. Dem folge ein ewiges irdisches Friedensreich (Daniel 7).

Apokalypsen wie die Johannesoffenbarung wurden in Zeiten drängender Not unter brutalen Tyrannen geschrieben. Sie sind Hoffnungsschriften, die zum Durchhalten aufrufen. Sie mahnen, angesichts der Katastrophe nicht in Zynismus zu verfallen, sondern selbst dem Ende aufrecht entgegenzugehen. Immerhin bestehe in jeder noch so aussichtslosen Lage eine kleine Chance, gerettet zu werden.

So gesehen kann man christliche Apokalyptik als Appell gegen den Fatalismus verstehen. Ähnlich soll es auch der Reformator Martin Luther gehalten haben. Ihm werden diese Worte zugeschrieben: „Wenn ich wüsste, dass morgen die Welt unterginge, würde ich noch heute ein Apfelbäumchen pflanzen."

Burkhard Weitz

Hatte Jesus Geschwister?

Von wegen, Jesus ein Einzelkind.
Da war zum Beispiel Jakob, ein begabter Politiker.
Und was war mit Simon?

Das Kind in der Krippe: ein Hoffnungsträger. Es bringt, so der Evangelist Lukas in seiner Weihnachtsgeschichte, Frieden, Gerechtigkeit und Heil. Es ist ein besonderes Kind, die Autoren der Bibel geben dem fantasievoll Ausdruck: Es ist vom Heiligen Geist gezeugt, von einer Jungfrau geboren, Sohn des Höchsten.

Über die Jahrhunderte versuchten Theologen, das noch weiter zu pointieren. Das geht bis in ihre Aussagen über Jesu Familie. Während im katholischen Katechismus zu lesen ist, die in der Bibel erwähnten Geschwister Jesu seien „nicht weitere Kinder der Jungfrau Maria", sondern „nahe Verwandte", steht für die meisten evangelischen Theologen fest: Jesus entstammt einer kinderreichen Familie. Diese Position vertritt auch der Evangelische Erwachsenen-Katechismus.

Schaut man in die Bibel, so findet man das bestätigt. Da ist mal davon die Rede, dass Jesu Mutter und Geschwister auf ihn warteten, um mit ihm zu sprechen. Ein anderes Mal, als er in seiner Heimatstadt Nazareth mit seinen Reden Aufsehen erregt, sind die Zuhörer empört, sagen zueinander: „Ist er nicht des Zimmermanns Sohn? Heißt nicht seine Mutter Maria, und seine Brüder Jakobus und Josef und Simon und Judas?" (Matthäus, Kapitel 12 und 13)

Viele orthodoxe und katholische Theologen glauben allerdings, dass Maria zeitlebens Jungfrau war. Sie befürchten, es nähme Jesus etwas von seiner religiösen Bedeutung, wäre er kein Einzelkind. Dabei berufen sie sich auch auf Theologen aus den ersten Jahrhunderten nach Christus. Die Frage ist nur, ob der Glaube an die Jungfräulichkeit Mariens, die ja vor allem ein Symbol für die Besonderheit Jesu ist, so weit gehen darf, die historischen Sachverhalte umzudeuten.

Es gibt allerdings auch ernsthafte Indizien, dass es keine Geschwister gab. Das wichtigste: die Szene bei der Kreuzigung Jesu (Johannes, Kapitel 19). Hier vertraut der Sterbende seine Mutter dem Apostel Johannes an. Das ist in der jüdischen Gesellschaft eigentlich unvorstellbar, solange sich noch andere Kinder um ihre Mutter kümmern könnten. Gab es also keine?

Oh doch. Die Namen sind ja bekannt, allerdings nur die der Brüder, leider nicht die der Schwestern. Sein Bruder Jakob zum Beispiel wurde Bischof von Jerusalem, ihm folgte nach dessen Tod sein Bruder Simon in dieser Funktion nach. Jakob war ein großer Kirchenpolitiker, er schützte die Gemeinde geschickt vor der römischen Besatzung und dem jüdischen Rat, bis er selbst Opfer einer Christenverfolgung wurde. Ein kluger Mediator, Fachmann für Kompromisse zwischen jüdischen Gesetzesregeln und christlichem Glauben: Selbst der römische Geschichtsschreiber Josephus nennt ihn Bruder Jesu.

Es fällt auf, dass vor allem die älteren Evangelien (Markus, Matthäus) die Geschwister Jesu im Auge behalten. Sie sind dichter an den historischen Realitäten als zum Beispiel Johannes, der die erwähnte Szene am Kreuz beschrieb. Dass die Kirche Jakobus' Bedeutung später herunterspielte, hat auch damit zu tun, dass sie sich von den jüdischen Gesetzen und Wurzeln zu distanzieren begann. Zum Maßstab wurden die sogenannten Heidenchristen, also die zum Christentum bekehrten Nichtjuden. Und so, wie die Judenchristen aus dem Blick gerieten, so auch die Geschwister Jesu. Sie wurden also Opfer einer kirchenpolitischen Wende.

Die Familienverhältnisse Jesu zu rekonstruieren, ist sehr schwer. Anliegen der Evangelien ist es eben, die Bedeutung Jesu für den Glauben der Menschen hervorzuheben, nicht historische Fakten zu dokumentieren. Aber mit den wenigen Fakten, die historisch stichhaltig sind, sollte man behutsam umgehen. Das gilt auch, wenn sich die kirchliche Lehre ändert, wie zum Beispiel durch die Erhebung der „immerwährenden Jungfräulichkeit Mariens" zum katholischen Dogma im 19. Jahrhundert.

Heute schließt kaum ein Theologe mehr von der biologischen oder familiären Stellung Jesu auf seine religiöse Bedeutung. Welchen Stellenwert Jesus in seiner eigenen Familie einnahm, wie er sich gegenüber seiner eigenen Familie verhielt, dies steht auf einem ganz anderen Blatt als seine Bedeutung für den Glauben.

Eduard Kopp

Ein Lieblingsjünger –
was soll denn das?

Eigentlich undenkbar: dass der Religionsgründer Jesus
einen einzelnen Mann den anderen vorzog

Es ist eine rührende Szene: Am Abendmahlstisch, an dem sich der biblischen Überlieferung nach dreizehn Personen zum Passahmahl versammeln, lehnt sich ein junger Mann innig an den Mann, um den sich hier alles dreht: an Jesus von Nazareth. Eine besondere Nähe scheint sie zu verbinden, eine unbestimmte Männerfreundschaft. Auf mittelalterlichen Gemälden (zum Beispiel am Kreuzaltar des Ulmer Münsters aus dem Jahr 1515) sitzt gar ein knabenhafter Jüngling träumend auf dem Schoß Jesu. Schnitzbilder aus der Gotik zeigen, wie beide eng nebeneinandersitzen und der junge Mann mit geschlossenen Augen seinen Kopf an die Brust des älteren drückt.

In der Geschichte von Leiden und Auferstehung Jesu ist das kein Detail am Rande, sondern ein Kernstück. Es bezieht sich auf die ungewöhnliche Formulierung im Johannesevangelium: Das sei der Jünger, „den Jesus besonders liebte" (Johannesevangelium 13,23, zit. nach BasisBibel). Wie denn das: Zieht dieser unbestechliche Religionsgründer einen einzelnen Mann allen anderen vor? Will er nicht gerecht sein gegenüber allen Menschen? Was hat es auf sich mit dieser irritierenden Liebelei?

Der Lieblingsjünger Jesu, von dem viele Theologen vermuten, es sei der Evangelist Johannes, sitzt beim Abendmahl an Jesu rechter Seite, auf dem Ehrenplatz, dem Platz für enge Vertraute. Selbst Petrus, der besonders bedeutsame Jünger, schaltet beim Abendmahl Johannes ein, um eine heikle Frage an Jesus zu richten: wer denn der gefürchtete Verräter sein wird – alle erfahren, es ist Judas. Später, am Karfreitag, ist es der Lieblingsjünger, der als einziger Mann unter mehreren Frauen am Kreuz nicht von der Seite des Sterbenden weicht. Ihm vertraut der gekreuzigte Jesus seine Mutter an: „Sieh doch! Sie ist jetzt deine Mutter!" (Johannes 19,27)

Das muss schon ein besonderer Anhänger Jesu sein. Lässt Jesus da eine persönliche Schwäche erkennen? Wenn man Gefühle für Schwächen hält, dann ja. Aber dass in diesem Fall von besonderer Zuneigung, von „besonderer Liebe" Jesu die Rede ist, bedeutet ja nicht, dass er alle anderen Freunde zurücksetzt.

Was ist das Geheimnis dieser Beziehung, dieser Liebe? Wenn im Deutschen von Liebe die Rede ist, so kann dieses Wort mal mehr in Richtung Wertschätzung, mal in Richtung tiefe Emotionen gehen. Das im Griechischen benutzte Wort (agapan) bedeutet das Erste: liebevoll aufnehmen, schätzen. Dass das mit Erotik nichts zu tun hat, zeigt der weitere Verlauf der Passions- und Ostergeschichte. Dieser Jünger bezeugt nicht nur das Abschiedsmahl Jesu und das Sterben. Gemeinsam mit Petrus besichtigt er am Ostermorgen als Erster das leere Grab. Er ist ein wichtiger Zeuge der Auferstehung.

Klaus Berger, Professor em. für Neues Testament in Heidelberg, schreibt: „Der Lieblingsjünger tritt nach dem Johannesevangelium immer dann auf, wenn die Autorität des Petrus gestützt oder von allem Zweifelhaften befreit werden muss ... Er garantiert, dass Petrus das leere Grab nicht manipuliert hat, und er ist Zeuge seiner Einsetzung als Hirte" der ganzen Kirche. Berger geht auch auf die Konkurrenz zwischen Petrus und Johannes ein: Viele Theologen deuteten ihr Verhältnis „im Sinne professoraler Männer-feindschaft. Beide Figuren seien durch finstere Konkurrenz miteinander verbunden. Das Gegenteil ist wahr: Wo immer Petrus und der Lieblingsjünger gemeinsam vorkommen, be-stätigt der Lieblingsjünger als unabhängiger Zeuge, dass es mit dem Zeugnis … des Petrus seine Richtigkeit hat."

Ist der Lieblingsjünger tatsächlich der Evangelist Johan-nes? Sicher ist das nicht. Das letzte Kapitel des Johannes-evangeliums ist ein Nachtrag. In diesem redaktionellen Anhang schreibt sich der vierte Evangelist Johannes einfach in die Rolle des anonymen Jesuslieblings hinein. Versucht er sich dadurch selbst aufzuwerten? Es bleibt ein Rätsel. Nehmen wir es positiv: Die Figur des Jesuslieblings ist, auch wenn sie historisch nicht zu fassen ist, ein zeitloses Vorbild in Sachen Glauben.

Eduard Kopp

Kann man Judas verzeihen?

Er gilt als Verräter schlechthin. Obwohl er zu den Vertrauten Jesu zählte, lieferte er ihn den Behörden aus. Jesus zeigte dennoch keinen Zorn

Diese biblische Geschichte hat sich in das kollektive Gedächtnis eingegraben: Judas Ischariot führt die Wachmannschaft der Hohenpriester zu Jesus. Er küsst ihn, um ihn zu identifizieren. Die Ordnungsleute nehmen ihn fest.

Warum tut der Mann so etwas? Die Frage beschäftigt viele Menschen. Die einen unterstellen dem Kassenwart der Jüngergruppe Geldgier. Er habe Jesus gegen Bares verraten (Markus 14,11). Andere vermuten, Judas sei Sozialromantiker gewesen und von Jesus enttäuscht. Immerhin berichtet das Johannesevangelium von einem Streit, bevor Jesus den Judas als Verräter entlarvt: Jesus lässt sich mit kostbarem Öl salben. Und Judas klagt, das Geld hätte er lieber den Armen geben sollen.

Wer nachvollziehbare Motive hinter einem Verrat erkennt, dem fällt es leichter, mit dem Verräter seinen Frieden zu schließen, ihm vielleicht sogar zu verzeihen. Vielleicht halten manche Interpreten Judas deshalb für einen Hitzkopf. Er habe erzwingen wollen, dass sich Jesus endlich vor den Hohepriestern als Messias outet. Nur so sei Judas' Suizid zu erklären, als der Plan fehlschlägt. – Kronzeuge für diese Deutung ist der Evangelist Matthäus (27,3–6). Als Jesus verurteilt wurde, habe Judas seine Tat bereut und sich erhängt, berichtet er.

Doch in den vier Evangelien bleibt das Verhalten des Judas quälend unverständlich. War es denn überhaupt Verrat? Nicht mal das sagen die Evangelien eindeutig. Sie alle verwenden für die Tat stets dasselbe griechische Wort: „para-didomi": Judas „übergab" Jesus an die Hohepriester. Martin Luther übersetzte, er „überantwortete" ihn. Auf das

Wort „Verrat" legen sich erst die neueren Bibelübersetzungen fest.

Geradezu perfide ist die Behauptung mancher Dogmatiker, der Judaskuss sei ein notwendiges Element in Gottes Heilsplan – und Judas eine passive Figur auf Gottes Schachbrett. Gott habe ihn gebraucht, um seinen Sohn ans Kreuz zu bringen. Man könne Judas gar nicht vergeben, man müsse ihm für seine Tat sogar dankbar sein.

Wer so argumentiert, löst sich emotional von den Berichten, nach denen Jesus mit seinem bevorstehenden Schicksal hadert. „Lass diesen Kelch an mir vorübergehen", betet er kurz vor seiner Verhaftung.

Natürlich betonen die biblischen Autoren auch, Jesus sei nicht naiv in sein Unheil gerannt. „Musste Christus nicht das alles erleiden und in seine Herrlichkeit eingehen?", sinniert der Auferstandene laut Lukasevangelium (24,26) im Gespräch mit zwei Jüngern, die nach der Kreuzigung in das Dorf Emmaus laufen. Von Anfang an suchen sie nach Anzeichen dafür, dass hinter dem Unfassbaren irgendein höherer Plan steht. Nur so können die Autoren des Neuen Testaments dem Grauen einen Sinn abringen. Aber kein Evangelist versteigt sich zu der Behauptung, man müsse Judas für seine Tat dankbar sein.

Im Gegenteil: Dass ausgerechnet ein Jünger Jesus ans Messer geliefert hat, lässt auch die Evangelisten ratlos zurück. Sie berichten es wahrheitsgemäß, aber sie erkennen darin keinen Sinn. Frühere Ausleger haben Judas deshalb dämonisiert – statt in ihm einen Menschen zu sehen, der sich schuldig gemacht hat. Dabei haben auch die anderen

Jünger Jesus auf ihre Weise enttäuscht. Petrus hat ihn im Hof des Gerichtsgebäudes verleugnet, die anderen machten sich schon nach seiner Verhaftung aus dem Staub.

Hätte Jesus seinem Jünger den Verrat vergeben können? Zumindest beschreibt keiner der Evangelisten einen zornigen Jesus. „Mein Freund, dazu bist du gekommen?", zitiert ihn Matthäus (26,50), als Judas ihn grüßt und küsst. Und beim Evangelist Lukas (22,48) sagt ein eher verwunderter als enttäuschter Jesus: „Judas, verrätst du den Menschensohn mit einem Kuss?"

Eine interessante Antwort gibt der spätmittelalterliche Künstler Tilman Riemenschneider (1460–1531). Auf dem geschnitzten Altar in der St.-Jakob-Kirche in Rothenburg ob der Tauber zeigt er, wie Jesus ausgerechnet Judas, seinem Verräter, das Abendmahl reicht – zur Vergebung der Sünden.

Burkhard Weitz

Hat das Leiden einen Sinn?

Am Elend ist nichts Gutes. Die Menschheit soll
es bekämpfen. Dennoch: Wer weiß, wofür er leidet,
dem wachsen ungeahnte Kräfte zu

Besonders biblisch oder christlich ist diese Vorstellung jedenfalls nicht: dass Krankheit und Schmerzen gerechte göttliche Strafen für persönliches Fehlverhalten seien. Schon Menschen der Bibel hielten diese Vorstellung für naiv. Der fromme Hiob aus dem Alten Testament, der alles verlor – Wohlstand, Familie, Gesundheit –, durchschaute die hohlen Phrasen derer, die ihm eine Mitschuld an seinem Elend andichten wollten. Leid ist keine Strafe für begangenes Unrecht, wusste auch der Prediger Salomo (7,15–16): „Da ist ein Gerechter, der geht zugrunde in seiner Gerechtigkeit", schrieb er, „und da ist ein Gottloser, der lebt lange in seiner Bosheit." Jesus von Nazareth legte nach: „Gott lässt seine Sonne aufgehen über Böse und Gute und lässt regnen über Gerechte und Ungerechte" (Matthäus 5,45).

Nein, das Leiden hat keinen tieferen Sinn. Laut Bibel ist die Schöpfung eigentlich „gut" (1. Mose 1,31), das Elend kommt erst mit dem Sündenfall. Es ist Teil einer aus dem Ruder gelaufenen Welt und lastet wie ein Fluch auf der Menschheit. Seit dem Sündenfall, so die Bibel, bebaut und bewahrt der Mensch nicht bloß die Schöpfung. Er isst sein Brot „im Schweiße seines Angesichts", und die Frau muss „unter Mühen gebären" (1. Mose 3,16–19). Gegen diesen ständigen Notstand muss sich der Mensch mit all seinem Wissen und Können zur Wehr setzen – allein schon aus Mitgefühl für den leidenden Nächsten.

Doch auch wenn Ärzte die Geburtswehen erleichtern können, auch wenn sich fast jede Form von physischem Schmerz betäuben lässt, das Leiden ist damit noch lange nicht aus der Welt. Kein seelischer Schmerz, weder der des Verlustes noch das Trauma einer Gewalterfahrung noch Todesangst, lässt sich mit Psychopharmaka beseitigen. Die Ursache der Not bleibt. Da hilft es nichts, die Stimmung vorübergehend aufzuhellen.

Lässt sich denn wenigstens diesem Leiden ein Sinn abgewinnen – nicht bloß dem berühmten Warnschuss, wenn ein Mensch einen Herzinfarkt oder Atemnot erleidet und daraufhin seinen bislang ungesunden Lebensstil ändert? Lässt sich dem unverschuldeten Leid, dem puren Schicksalsschlag, ein Sinn abgewinnen? Nein, nicht einmal das.

Aber so viel steht fest: Wer weiß, wofür er leidet, kann Kräfte mobilisieren. Der kurzzeitige Schmerz bei der Zahnbehandlung ist hinnehmbar, wenn dafür das Dauerpochen im Backenzahn nachlässt. Würde einem derselbe Zahnarzt denselben Schmerz sinnlos in einer Folterkammer zufügen, man bekäme die Erinnerung daran möglicherweise nie mehr los.

Kämpfer für die gerechte Sache können ungeahnten Mut gegen Todesangst mobilisieren, sofern sie sich ihrer Sache sicher sind. „Ich war mir ohne weiteres im Klaren darüber, dass unser Vorgehen darauf abgestellt war, die heutige Staatsform zu beseitigen", bekannte Sophie Scholl tapfer – so steht es im Vernehmungsprokotoll der Münchener Gestapo. Da wusste die Einundzwanzigjährige schon, dass sie als überführte Widerständlerin gegen Hitler nur noch wenige Tage zu leben hatte.

Als „Nachahmer" Jesu sah sich Ignatius, Bischof von Antiochien, um das Jahr 109 nach Christus. Soldaten führten ihn nach Rom ab, Ignatius wusste, man werde ihn dort den

Löwen zum Fraß vorwerfen – wie in den Sandalenfilmen aus Hollywood, nur eben wirklich. Doch er erkannte einen Sinn darin, den bevorstehenden Qualen mit Tapferkeit zu begegnen. „Keiner, der den Glauben bekennt, sündigt, und keiner, der die Liebe besitzt, hasst", schrieb Ignatius damals. „Jetzt kommt es nicht an auf das Bekenntnis, sondern darauf, dass einer in der Kraft des Glaubens befunden wird bis ans Ende."

Spätere Generationen verehrten Märtyrer wie Bischof Ignatius über alle Maßen. Sie beschrieben ihre Qualen, malten ihre Wunden nach und suhlten sich in ihrem Elend. Doch Schmerzverherrlichung ist unchristlich. Ignatius hatte keine Lust an den Qualen. Er wollte aber nicht widerrufen, er wollte seine Überzeugungen nicht verraten. Auch er fürchtete den Schmerz.

Burkhard Weitz

Gott wird Mensch – wie soll man sich das vorstellen?

In jedem Fall war Jesus von Nazareth kein himmlisches Wesen, das auf der Erde wandelte. Sondern ein wirklicher Mensch. Jemand wie der Nachbar

Der Heilige Geist wird über dich kommen, und die Kraft des Höchsten wird dich überschatten", kündigt der Bote der jungen Frau an. Ein Gott werde die Sterbliche schwängern. Der Bote ist der Verkündigungsengel. Und er sagt der Jungfrau Maria die Geburt eines von Gott gezeugten Kindes an: Jesus.

Dass ein Götterwesen sich irdischen Freuden hingibt, kommt in den Mythen vieler Religionen vor. Die Herrscher Babylons und Ägyptens waren angeblich göttlichen Ursprungs. Auch bedeutenden Persönlichkeiten der griechischen Antike wurde das nachgesagt.

Doch die Ankündigung dieses Boten findet sich in der Bibel, im ersten Kapitel des Lukasevangeliums. Das Paradoxe an der Situation: Gerade die biblische Tradition schließt jede Vermischung von menschlicher und göttlicher Sphäre kategorisch aus. Streng unterscheidet die Bibel zwischen Schöpfer und Geschöpf. Sie verbietet jegliche Gottesabbildung, damit die Gläubigen Gott nicht auf eine Ebene mit irgendwelchen existenten Dingen oder Lebewesen stellen. Und wenn israelitische Könige dennoch beanspruchten, von Gott gezeugte Söhne zu sein – wie es in Psalm 2 heißt –, hielt das Judentum stets mit Nachdruck dagegen: Dies sei bildlich zu verstehen, nicht wörtlich.

Als „unvereinbar mit der tiefsten Wahrheit der prophetischen Offenbarung" bezeichnete daher der evangelische Theologe Paul Tillich die Vorstellung eines höheren Wesens, das auf die Erde kommt, eine Jungfrau schwängert und selbst Mensch wird: „Der Gott, der alles Seiende erschafft, erhält und übersteigt, ist nicht selbst ein Seiendes, auch nicht das höchste Seiende", schrieb er 1949 in einer englischen

Kirchenzeitschrift aus Protest gegen allzu naive Inkarnationsvorstellungen. Wer wörtlich an der mythischen Variante von Gottes Menschwerdung festhält, muss sich von Juden, Muslimen und Atheisten zu Recht vorwerfen lassen, er sei abergläubisch.

Dennoch mutet das Neue Testament den Gläubigen eine sehr weitgehende Identifikation von Gott und Jesus zu. Etwa wenn der Evangelist Johannes Jesus mit dem Satz wiedergibt: „Ich und der Vater sind eins." Leider hat sich nach zwei Jahrtausenden beharrlichen Gebrauchs von Bekenntnisformeln wie „aus dem Vater geboren, Gott von Gott, Licht vom Licht" (so im Glaubensbekenntnis von Nizäa, 325 n. Chr.) das Bewusstsein dafür abgeschliffen, wie skandalös und anmaßend solch eine Behauptung für die ersten Hörer klang.

Denn auch das betont das Neue Testament: Jesus von Nazareth war kein über die Erde wandelnder Gott, sondern ein Mensch, der wirklich gelebt hat. Aber darin, wie er lebte, starb und den Tod überwand, erkannten seine Jünger Gottes wahres Ebenbild. „Er ist das Ebenbild des unsichtbaren Gottes, der Erstgeborene vor aller Schöpfung", so heißt es im Kolosserbrief, einem der ältesten christlichen Schriftzeugnisse überhaupt. Modern formuliert: So wie Jesus war der Mensch gedacht, als Gott ihn schuf.

Die Faszination für Jesus hat sich über die Jahrtausende gehalten. Der Philosoph Karl Jaspers zählte den Mann mit dem „grenzenlosen Leidensbewusstsein" zu den „maßgebenden Menschen" der Weltgeschichte. Der atheistische Publizist Gerhard Szczesny nannte Jesus ein „Genie des liebenden Verstehens".

Die Lehre von der Menschwerdung Gottes kann man auch so verstehen: Wenn es einen Gott gibt, dann muss er so sein wie dieser Mensch Jesus von Nazareth – annehmend, vergebend, liebend und bis zur völligen Selbstverleugnung sich für andere hingebend.

„Wahrlich, dieser Mensch ist Gottes Sohn gewesen", sagte der Hauptmann unterm Kreuz, nachdem er Zeuge geworden war, wie Jesus starb (Markusevangelium 15,39). Christen haben Bekenntnisse wie dieses ins Zentrum ihres Glaubens gerückt. Jesus ist nicht nur der Messias, der Christus, der Sohn Gottes. Mehr noch: In Jesus von Nazareth zeigt sich, wie Gott wirklich ist.

Insofern ist die Lehre, dass Gott Mensch wird, Krankheit, Verachtung und den Tod auf sich nimmt und mit den Menschen teilt, logischer Rückschluss aus diesem Christusglauben. Dass Jesus gezeugt, nicht geschaffen sei, unterstreiche, dass sich in diesem Menschen Gott gezeigt habe, sagen die Theologen. Ansonsten ist die Weihnachtsgeschichte vom Heiligen Geist, der eine Jungfrau schwängert, legendarische Ausschmückung, mehr nicht.

Burkhard Weitz

Was sagt die Bibel zum Thema Sex?

Blüten öffnen sich, Weinstöcke sprießen –
geht es um Lust und Liebe, zeigen die Autoren viel
Fantasie. Und sie reden nicht drum herum

Diese Liebespoesie sorgt auch im 21. Jahrhundert für Verblüffung. Ausgerechnet die Bibel wartet mit erotischen Fantasien auf. „Komm, mein Freund, lass uns aufs Feld hinausgehen und unter Zyperblumen die Nacht verbringen, dass wir … sehen, ob der Weinstock sprosst und seine Blüten aufgehen, ob die Granatbäume blühen. Da will ich dir meine Liebe schenken." Weinstock? Spross? Geöffnete Blüten? Was da eine verliebte Frau im „Hohelied der Liebe" über die Lippen bringt, lässt keinen Zweifel daran: Lust ist ein wichtiges Thema der Bibel. Dort geht es oft, aber keineswegs nur ums Kinderkriegen und den Fortbestand der Sippe.

Allerdings ist die Bibel kein Ratgeber für Leute, die nach einem besonderen Kick suchen. Biblische Erotik ist leise und sensibel. Gleichwohl geht es auch hier um die lustvolle, selbstbestimmte körperliche Begegnung zweier Menschen: „Ich habe mein Kleid ausgezogen (…) und mein Innerstes wallte ihm entgegen", dichtet die Geliebte. Das ist so deutlich, dass der Versuch prüder Theologen misslingen musste, es als Allegorie auf die Liebe Gottes zu seinem Volk umzudeuten.

Aber es gibt auch dies in der Bibel: moralische Ermahnungen und rechtliche Normen in Sachen Sexualität – oft, aber nicht immer zum Schutz der Frauen. So heißt es im zweiten Buch Mose sinngemäß: Wenn jemand eine Jungfrau, die noch nicht verlobt ist, verführt und mit ihr Geschlechtsverkehr hat, so soll er den Brautpreis bezahlen und sie heiraten. Falls der Vater der Frau ihn aber als Schwiegersohn ablehnt, hat er den Brautpreis zu zahlen, und damit ist die Angelegenheit erledigt. Auffällig, dass von Liebe hier nicht die Rede ist. Es ging im alten Israel eben nicht nur um Gefühle, sondern immer auch um wirtschaftliche Fragen. Eine entjungferte Frau hatte auf dem Heiratsmarkt keine Chance mehr. Dafür musste ihre Familie, nicht etwa sie selbst, finanziell entschädigt werden.

In unseren modernen Ehen und Partnerschaften haben Sexualität und Erotik einen höheren Stellenwert als in der Entstehungszeit der Bibel. Aber die Bibel ist auch keine sexual- oder kulturwissenschaftliche Abhandlung. In ihr geht es vor allem um den Glauben der Menschen, um Gottes Fügungen, um die Ordnung des Gemeinschaftslebens. Die Bibel versucht zu regeln, was sich regeln lässt, und das ist am wenigsten die innere Qualität einer Liebesbeziehung.

So auch im sechsten der Zehn Gebote. Wenn es da heißt: Du sollst nicht ehebrechen, dann ist das keine Schutzvorschrift für Intimitäten, sondern für die Gesellschaft. Wo in der Bibel heute „Ehe" steht, geht es in der Sache vor allem um „Familie" und „Haus".

Deutlich stärker als im Alten Testament geht es im Neuen um die innere Qualität der Liebesbeziehungen und das Thema Treue. Da wirkt bis heute das im Matthäusevangelium überlieferte Wort Jesu gegen die Ehescheidung nach: „Was Gott zusammengefügt hat, das soll der Mensch nicht scheiden" (19,6). Der Apostel Paulus vergleicht die Ehe im Brief an die Epheser gar mit der Beziehung zwischen Christus und der Gemeinde (5,32), beschreibt darin aber auch die Überordnung des Mannes über die Frau. Im Römerbrief verurteilt er die Homosexualität, eine eher singuläre Kritik in der Bibel, die die Sünde allgemein und das

Heidentum zum Thema hat, aber keine detaillierten sexual-ethischen Vorschriften.

Dem Reformator Martin Luther erschien die Ehe als „weltlich Ding", was keine Abwertung bedeutet, sondern meint, dass sie nach den Regularien der Welt geordnet wird. Auch für Protestanten bleibt sie ein klarer Orientierungspunkt.

Dass Lust und Liebe in Beziehung gesetzt wurden zu Sünde und Verderben, geht vor allem auf den Kirchenlehrer Augustinus (354–430) zurück. Er meinte, dass die „Ursünde" seit Adam und Eva immer weiter vererbt werde. So geriet die Sexualität in den Verdacht, „Transportmittel" der Sünde zu sein. Das ist, Gott sei Dank, vorbei: Sex als respektvolle, innige Begegnung zweier Menschen ist eine kreative Weise, sich an Gottes Schöpfung zu freuen.

Eduard Kopp

Mag Gott Musik?

Na klar – denn wer würde nicht gern mit
Pauken und Trompeten in den Himmel gelobt?
Aber wahrscheinlich hat er auch bessere
Ohrschützer als seine Geschöpfe auf Erden ...

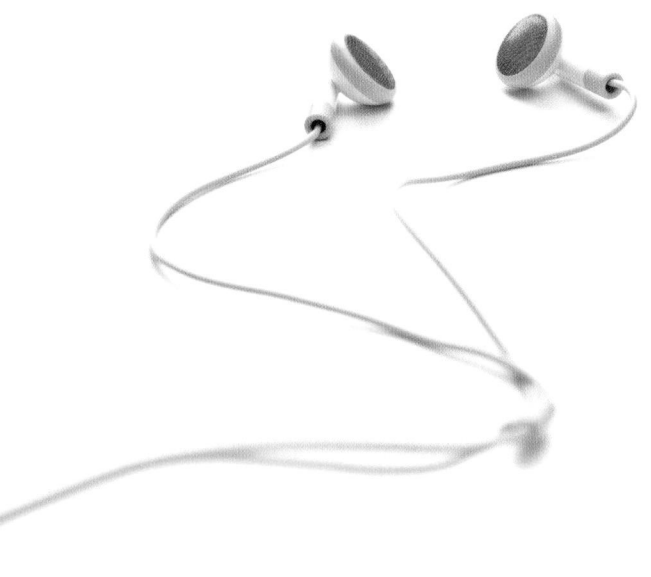

„Die Leute sagen, wir Afrikaner seien laut", sagt Prediger Beelo, während er seine Bassgitarre an den Verstärker anschließt. „Aber Gott ist es, der das von uns verlangt. Sehen Sie? Der 150. Psalm!" Er legt sein Instrument weg, blättert in einer abgegriffenen, französischen Bibel und drückt seinen Zeigefinger auf eine Seite: „Da steht: ‚Lobt ihn mit Posaunen' – na ja, die kann bei uns keiner spielen. Und: ‚Mit Psalter und Harfen', das sind bei uns die Gitarren, mit Pauken", er zeigt auf ein Schlagzeug. „Und ‚mit Tanz', damit tun sich unsere europäischen Freunde schwer."

Jeden Sonntagnachmittag feiern Pastor Beelo und seine afrikanische Gemeinde in einer Münchener evangelischen Kirche. Von außen klingt der Gottesdienst wie ein Rockkonzert. Gut, dass eine Straße die Kirche vom nächsten Häuserblock trennt. Pastor Beelo hat wegen Ruhestörung schon zweimal die Kirche wechseln müssen.

Mag Gott Musik? Die Frage wird man vor einem Jahrhundert vielleicht unbefangener beantwortet haben als heute, im Zeitalter von Tonkonserven und Hi-Fi-Technik. Musik war nur zu hören, wenn jemand sang oder ein Akkordeon dabei hatte oder wenn sich Chor und Orchester zusammenfanden. Der Klang erhob sich über die Alltagsgeräusche. Je aufwändiger die Inszenierung, desto mehr erschien die Musik wie ein Geschenk des Himmels. Konzert- und Opernbesucher erlebten etwas Einzigartiges: Das Licht ging aus, und der Orchesterklang nahm die Zuhörer mit etwas gefangen, das so nie wieder erklingen würde. „Musik, du bist die tiefste Labe, die aus der Menschenseele quoll. / Bist Gottes allerbeste Gabe; da seine Güte überschwoll", dichtete der

Hamburger Lyriker Hermann Claudius (1878–1980) voller Emphase.

„Das Kunstwerk im Zeitalter seiner technischen Reproduzierbarkeit" (so heißt ein Aufsatz des Philosophen Walter Benjamin) hat etwas von seiner ursprünglichen Aura verloren. Musik ist jederzeit verfügbar. Sie muss mit täglichen Verrichtungen konkurrieren – beim Einkauf, beim Essen, bei Gesprächen, beim Gang durch den Wald oder bei Fahrten in öffentlichen Verkehrsmitteln – manchmal zum Ärger derer, die das Gedudel aus den Ohrstöpseln Mitreisender ungefragt ertragen müssen.

Walter Benjamin schrieb seinen kulturkritischen Aufsatz unter dem Eindruck des Faschismus, wo Musik Propagandazwecken diente. Man unterlegte Kriegsbilder mit heroischen Melodien. Mächtige Lautsprecherklänge suggerierten Größe bei Aufmärschen. Bis heute setzt Produktwerbung auf die suggestive Kraft der Musik, die sich damit eher von ihrer dämonischen als von ihrer gottgefälligen Seite zeigt.

Benjamin ahnte die emanzipatorische Kraft, die reproduzierbare Kunst auch entfalten kann. Die sollte sich etwa beim Woodstockfestival im August 1969 zeigen. Es steht bis heute symbolisch für die Rebellion der Hippies gegen das sinnlose Morden im Vietnamkrieg. Waren Opernklänge im 19. Jahrhundert nur den Ohren der reichen Oberschicht zugänglich, so kann sich heute jedermann einen Eindruck verschaffen – auch ausschnittweise im Internet auf Youtube. Ihren Zauber verlor die Musik trotzdem nicht. Auch heute lassen sich die einen vom Schlusschor der Bach'schen Matthäuspassion überwältigen, andere von Amy Winehouse' kraftvoller Soul-stimme.

Ist Musik göttlich? Unter dem Göttlichen verstand der evangelische Theologe Paul Tillich (1886–1965) etwas, das Menschen in ihrem Selbstverständnis infrage stellt und herausfordert. Solche göttliche Offenbarung könne sehr wohl durch die Kunst „durchbrechen". Mit seiner Auffassung stand Tillich in der langen Tradition der Wertschätzung von Kunst – und besonders von Musik – in der protestantischen Verkündigung.

Mag Gott Musik? Ja, wenn sie denn eine Offenbarung ist. Doch selbst das schützt sie nicht vor Missbrauch.

Burkhard Weitz

Neigen streng religiöse Eltern zur Gewalt?

Sicherlich sollten sie es nicht. Allerdings empfehlen einzelne Prediger in den USA Prügel und drakonische Strafen

Sean Paddock starb 2006 im Alter von vier Jahren. Seine Adoptivmutter aus North Carolina hatte ihn mit einem Hartplastikschlauch geprügelt und in Tüchern erstickt. Ein ähnliches Schicksal traf die dreizehnjährige Hana Williams 2009 im Bundesstaat Washington, ebenso die siebenjährige Lydia Schatz 2010 in Kalifornien. Stets waren die Eltern dem Rat des freischaffenden Predigerehepaars Michael und Debi Pearl gefolgt. Das Paar empfiehlt, widerspenstige Kinder konsequent zu schlagen. Ihr Rat sei biblisch, behaupten sie. Im Buch der Sprüche Salomo 13,24 heißt es: „Wer seine Rute schont, der hasst seinen Sohn.“

2010 erfuhr der niedersächsische Kriminologe Christian Pfeiffer über einen Artikel in der „Süddeutschen Zeitung“ vom grausamen Erziehungsbuch der Pearls. In Deutschland seien bereits 4000 Exemplare verbreitet, stand dort. Pfeiffer stellte gerade eine Untersuchung mit 45000 Neuntklässlern über prügelnde Eltern fertig. Er sah noch einmal in der Statistik nach und entdeckte: 431 der befragten Schüler hatten ihr Elternhaus als „evangelisch-freikirchlich“ eingeordnet. Auffällig viele von ihnen, vor allem die aus streng religiösen Elternhäusern, gaben an: Ihre Eltern hätten sie geschlagen.

Sollten ausgerechnet freikirchliche Protestanten eine Neigung haben, Kinder zu züchtigen? „Evangelisch-freikirchlich“ kann vieles heißen. So nennen sich die liberalen, weltoffenen Baptisten, in deren Gemeinde Christian Pfeiffer an manchen Sonntagen als ehrenamtlicher Prädikant die Predigt hält, ebenso die konsequent pazifistischen Mennonitenkirchen und die jeder Gewalt unverdächtige Herrnhuter

Brüdergemeine. Aber auch weltabgewandte Sektierer können sich so nennen.

Welche Gruppe sich auch immer hinter den Befragten verbirgt: Was könnte ihre rigorose Haltung motivieren? Denn gerade für Menschen, die sich an der Bibel orientieren, sollte das Wohlbefinden der Kinder ein Herzensthema sein. „Lasst die Kinder zu mir kommen und wehret ihnen nicht", mahnte Jesus seine Jünger (Markus 10,14), „denn solchen gehört das Reich Gottes." Und der Apostel Paulus schrieb an die Gemeinde in Rom: „Denn ihr habt nicht einen knechtischen Geist empfangen, dass ihr euch abermals fürchten müsstet, sondern ihr habt einen kindlichen Geist empfangen" (Römer 8,15). Diese Worte wurden zu einer Zeit verfasst, in der Kinder völlig rechtlos waren. Der antik-römische Familienvater durfte seinen Nachwuchs aussetzen oder verkaufen. Er konnte auch Neugeborene straflos töten, wenn er ihrer überdrüssig war. „Du sollst ein Kind nicht abtreiben und das Geborene nicht töten" – diese ersten Kinderrechte verfügte eine christliche Schrift, die um das Jahr 100 verfasst wurde, die sogenannte Zwölfapostellehre. In ihrem Erbe steht bis heute der oft kompromisslose Kampf der römisch-katholischen Kirche gegen Abtreibung.

Als Pfeiffer seine Untersuchung veröffentlicht hatte, reagierte als Erste die evangelikal geprägte Evangelische Allianz. Anfang 2011 stellte sie in ihrem Magazin „EiNS" klar: Gewalt gehört nicht in die Kindererziehung, schon gar nicht in die christliche. Eine Autorin schreibt, Eltern zufriedener Kinder würden zwar Regeln setzen. Doch „sie verzichten auf jegliche Form seelischer und körperlicher Gewalt".

Michael und Debi Pearl haben sich bis heute nicht von ihrem Ratgeber distanziert. Sie behaupten, die mordenden Eltern hätten ihren Rat falsch befolgt. Die Pearls berufen sich auf einzelne alttestamentliche Sätze. Zugleich aber klammern sie aus, dass Jesus die Kinder auf eine Weise wertschätzte, wie es damals noch unbekannt war. Und dass er Schwächere ausnahmslos in Schutz nahm. In Deutschland wurde die pädagogische Hetzschrift der Pearls zu Recht als jugendgefährdend eingestuft.

Andere verstanden die Bibel besser. Der Pädagoge Johann Amos Comenius zum Beispiel. Während Europa unter den Gewaltexzessen des Dreißigjährigen Krieges litt, empfahl er Erziehern: „Alles fließe aus eigenem Antrieb, Gewalt sei fern den Dingen." Als Lehrer begeisterte Comenius seine Schüler, selbst verbale Rohheit sollte in seinem Unterricht nicht sein. So verhalf er einem christlichen Ideal zu seinem Recht: der Erziehung ohne jede Gewalt.

Burkhard Weitz

Wie gehen die Kirchen mit Kindern um?

Die zahlreichen Fälle von Missbrauch geben zu denken. Mit jedem einzelnen zerplatzt der Traum einer unbeschwerten Kindheit. Zufall oder Systemmangel?

In zahlreichen kirchlichen Einrichtungen wurden Hunderte von Kindern und Jugendlichen um ihre unbeschwerte, ungestörte Entwicklung gebracht. Katholische Ordensschulen und Internate treten dabei unrühmlich in den Vordergrund. Auch wenn das offensichtlich mit der großen Zahl der katholischen Orden und ihrer Schulen zu tun hat, fragt sich doch, ob die Vielzahl der Übergriffe auch religiöse Gründe hat. Wurden die Übergriffe der Erwachsenen etwa durch eine bestimmte Sicht auf Bibel und Theologie erleichtert? Oder haben die Übergriffe eher mit den sozialen Rahmenbedingungen des Schulwesens zu tun?

Maßstab aller Ethik ist für die Kirchen das Neue Testament der Bibel. Aus ihm lässt sich keine positive Bejahung von Gewalt, geschweige denn von sexueller Gewalt ablesen. Die Grundlinie der unterschiedlichen Bücher und Briefe heißt hier: Gottes Liebe und Gnade erfasst alle, die sich auf ihn einlassen, Große wie Kleine. Die Kinder, die in den Erzählungen und Berichten auftauchen, sind allerdings Kinder ohne Kindheit. Kinder in der Zeit Jesu hatten einen grundsätzlich anderen sozialen Stellenwert, als ihnen durch Reformation und Aufklärung, durch moderne Pädagogik und heutiges Familienrecht zugemessen wird. In der Bibel herrschen strenge Verhältnisse: Gott liebt seine Kinder, insofern sie und ihre Eltern treu zu ihm halten. Alles folgt dem einen Ziel: Kinder haben sich in das große Ganze einzufügen. Da geht es ihnen nicht anders als den Erwachsenen – auch sie sind radikal dem Willen Gottes unterworfen.

In einem Brief von Papst Benedikt XVI. an die irischen Bischöfe ist die Rede von den Ursachen des Missbrauchs;

dazu zählt er auch die „Tendenz, … Autoritäten zu favorisieren". Es mag sein, dass manche Christen, die die Bibel wörtlich verstehen, aus ihr vor allem autoritätsstützende Formulierungen herauslesen. Ein ganzes, schlüssiges Familienkonzept lässt sich allerdings aus Jesu Worten und Handeln nicht entwickeln. Man muss aber nicht lange suchen, um belegt zu finden: Auch Kindern widerfährt unmittelbar Heil. Heilungs- und Auferweckungsgeschichten machen das deutlich. Zum Beispiel diese: Der Prophet Elija erweckt den Sohn einer Witwe wieder zum Leben (1. Buch Könige 17,17–24). Kinder sind, wie es manchmal den Anschein hat, also nicht nur Statisten in den so viel wichtigeren Erwachsenen- und Heilsgeschichten. Programmatisch ist auch der Satz aus einem Psalm: „Aus dem Mund der Kinder und Säuglinge schaffst du dir Lob" (Psalm 8,3).

Einen großen Stellenwert in der kirchlichen Verkündigung nimmt Jesu Lob der Kinder ein: „Wenn ihr nicht werdet wie die Kinder, werdet ihr nicht ins Himmelreich eingehen." Mit diesem Lob verknüpft er eine Kritik am Autoritäts- und Größenwahn der Erwachsenen. Die hatten Jesus gefragt: Wer wird im Jenseits der Größte sein? Es könnte eine Schlüsselgeschichte bei der Bewertung und Aufarbeitung der Missbrauchsfälle sein.

Die Kirchen Europas waren Vorkämpfer für Bildung und Erziehung. In den Lateinschulen und Universitäten des Mittelalters zogen sie nicht nur den Nachwuchs für ihre eigenen kirchlichen Ämter und Aufgaben heran, sondern versorgten auch Staat und Gesellschaft mit Akademikern unterschiedlichster Prägung. Schon weit vor der Gründung staatlicher Universitäten nahmen die Kirchen eine gesamtgesellschaftliche Verantwortung wahr. Diese Hochschulen folgten dem Prinzip des offenen akademischen Diskurses, nicht der einseitigen Indoktrination. Mit den Klosterschulen des Mittelalters und erst recht mit dem neuzeitlichen Paradigmenwechsel, der Kinder zu souveränen, Respekt verdienenden Individuen machte, haben die Kirchen unser ganzes Bild von Kindheit und Jugend positiv geprägt.

Bedeutsam für die Analyse der Missbrauchsthematik sind vor allem die Fragen nach Autorität und Freiheit. Autorität mag als Zwang oder als charismatische Einflussnahme ausgeübt und empfunden werden. Für den Zwang in der Pädagogik gibt es keine theologische Begründung, für pädagogisches Charisma sehr wohl. Die Kirchen und ihre Schulen stehen vor einer neuen Freiheitsdebatte.

Eduard Kopp

Wem gehört Jerusalem?

Die heilige Stadt gehört ganz allein den Pilgern –
egal welcher Religion. Doch aus ihren religiösen
Erwartungen lassen sich keine politischen
Besitzansprüche ableiten

Es riecht nach Staub. Vor einem Souvenirladen baumeln hellbraune Ledertaschen vor Ikonen und Weihrauchgefäßen. Ein Führer drängelt sich mit einer Schar gelbbemützter Touristen in Richtung Grabeskirche. Eine Rucksackreisende hält ihr Gesicht in die Frühjahrssonne. Neben ihr hängt die MP-Mündung eines israelischen Soldaten. Eine Gruppe Koreaner zieht mit riesigem Kreuz singend über die Via Dolorosa, den Schmerzensweg Jesu.

Über zwei Millionen Besucher zieht Jerusalem jährlich an. Juden beten an der Klagemauer, einem Teil der früheren jüdischen Tempelanlage. Sie stecken Zettelchen mit Gebetswünschen in ihre Fugen. Muslime zieht es zur Al-Aksa-Moschee oberhalb der Klagemauer, ihrem drittwichtigsten Heiligtum. Und zum Felsendom, wo Abraham seinen Sohn Isaak opfern sollte und wo Mohammed angeblich gen Himmel fuhr. Selbst viele säkulare Christen fasziniert die Vorstellung, dass Jesus hier vor 2000 Jahren seine letzten Tage vor der Kreuzigung verbrachte. Wem gehört Jerusalem? So gesehen den Pilgern, Reiseführern und Souvenirverkäufern.

Eine heilige Stadt ist Jerusalem allerdings nur in der Vorstellung der Menschen. Ansonsten ist sie eher ein Ort erbitterten Streits – vor allem zwischen radikalen jüdischen Siedlern und der angestammten Ost-Jerusalemer Bevölkerung. Längst nicht jeder Pilger findet hier seine religiösen Erwartungen bestätigt. „Reisen verderben die großartigsten Bilder", spottete der Schriftsteller Mark Twain – zu Recht. Auch gefällt nicht jedem die Pilgerei. Allein aus Glauben komme ein Christ zu Gott – nicht durch das „Geläuff", sagte der Reformator Martin Luther. Über einen anderen Pilgerort,

Santiago de Compostela, ätzte er: „Lauf nicht dahin, man weiß nicht, ob Sankt Jakob oder ein toter Hund da liegt."

Jerusalem ist auch eine ganz normale Stadt mit Kinos und Fitnesscentern. Nur dass hier mehr Devotionalien verkauft werden als anderswo. Und dass jeder diese Stadt haben will. Seit Jahrhunderten erheben gleich mehrere Religionen Anspruch auf sie. Nie werde der Gott Israels Jerusalem vergessen, schrieb ein Prophet im fünften vorchristlichen Jahrhundert. Gott habe die Stadt in seine Hände tätowiert, ihre Mauern stünden ihm stets vor Augen (Jesaja 49,16). Zu den ersten christlichen Jerusalempilgern zählt die Mutter Kaiser Konstantins des Großen, der dann die Grabeskirche errichten ließ. Nach Eroberung der Stadt bebauten die muslimischen Omaijaden den Tempelberg mit Moscheen. Die Kreuzritter kämpften um Jerusalem auch unter dem Vorwand, die christlichen Pilgerwege seien unsicher.

Im 19. Jahrhundert, als sich normale Bürger erstmals längere Reisen leisten konnten, kam eine Heilig-Land-Begeisterung auf – selbst unter Lutheranern. Deutsche, Franzosen, Italiener, Österreicher, Engländer, sie alle kauften Grundstücke von den osmanischen Eigentümern. Ihre Kirchen und Hospize prägen noch heute das Bild der Altstadt. Jüdische Zionisten aus Österreich-Ungarn und Russland entdeckten Palästina als neue Heimstatt. Nach der Schoah immigrierten Juden zu Hunderttausenden. Und als Israel ganz Jerusalem 1967 im Sechstagekrieg einnahm, zog es viele jüdische Soldaten als Erstes zur Klagemauer, um dort zu beten.

Völkerrechtlich ist Jerusalem heute eine geteilte Stadt. Ihr Westteil gehört zu Israel, der Osten zu Palästina. Das hat

Auswirkungen bis ins Handelsrecht. Israelische Exporteure etwa, die sich im Ostteil angesiedelt haben, müssen ihre Waren in der EU verzollen, da sie nicht unter ein Zollabkommen fallen, das die EU 1995 mit Israel geschlossen hat.

Israel akzeptiert diese Teilung nicht: Ost-Jerusalem solle von Verhandlungen ausgenommen werden, wenn es um palästinensische Gebietsansprüche gehe. Israelische Behörden erkennen Besitzurkunden aus der osmanischen Zeit oft nicht an. Vor allem palästinensische Jerusalemer können sich kaum wehren, wenn sie dann enteignet werden und jüdische Siedler ihr Grundstück kaufen. Dieser Streit um das Land kann nicht religiös, er muss juristisch und politisch gelöst werden. Für Pilger jeder Religion sollten die Heiligtümer allerdings stets offen stehen. Das heilige Jerusalem wird immer ihnen gehören.

Burkhard Weitz

Wo ist denn nun das Reich Gottes?

Wenigstens darin herrscht Konsens:
Wir stehen schon fast im Ziel.
Das neue Reich liegt direkt vor uns

Voller Bewunderung sprachen Deutsche über Generationen von ihrem „Reich", in der Kaiserzeit, dann in der Weimarer Republik, im „Dritten Reich". Das Reich galt ihnen als machtvoll und unverletzbar, als Garant für Wohlstand und Sicherheit, als verlässliche Klammer für die unterschiedlichsten Völker und Völkchen. Dass dieses Reich in Schutt und Asche fiel, war für die allermeisten ein Trauma sondergleichen. Heute klingt schon das Wort Reich schrecklich belastet – und politisch überholt.

Was mag in den Köpfen der Menschen vorgehen, wenn sie heute die Bitte aus dem Vaterunser sprechen: „Dein Reich komme"? Hierzulande schwebt ihnen wohl kaum eine ausgereifte Sozialutopie vor. Der Glauben an ein machtvolles Gemeinwesen, das alles aufs Beste richtet, ist den Deutschen gründlich vergangen. Das dürfte auch für das „Reich Gottes" gelten, einer der Schlüsselbegriffe der Bibel.

Vor allem im Leben und Reden Jesu ist die Ankündigung des Reiches Gottes ein Kerngedanke. Was damit gemeint ist? Frieden und Wohlstand sollen herrschen. Krankheit und Tod sind gebannt. Die neuen Lebensumstände setzen eine Menge an Sozialengagement frei. Und die Widerstände gegen Gott sind dahin: Es herrscht ein großes Einvernehmen mit ihm.

Dass dieses ersehnte Reich Gottes von selbst herbeikommt, daran wollten viele nicht glauben. Die Zeloten, eine religiöse Partei zur Zeit Jesu, wollten die neue Ordnung mit dem Schwert in der Hand und gegen die römische Besatzungsmacht durchsetzen. Einen anderen Weg wählten die Pharisäer: Sie mühten sich, das neue Reich durch peinlich genaue

Erfüllung der vielen religiösen Gesetze herbeizulocken. Die Apokalyptiker ihrerseits befürchteten einen gewaltigen Umbruch und suchten mit Droh- und Schreckgeschichten die Menschen auf die neue Zeit vorzubereiten.

Die Reich-Gottes-Hoffnung ist keine reine Utopie, keine Zukunftsmusik. Gegen die strikte Verschiebung der Hoffnungen in die Zukunft bezieht Jesus sogar deutlich Position. „Das Reich Gottes ist mitten unter euch", sagte er. Auch wenn sich die großen politischen und sozialen Hoffnungen gegenwärtig noch nicht erfüllen lassen beziehungsweise von Gott erfüllt werden, gibt es vieles, was schon getan werden kann. Die Menschheit ist quasi schon mit einer Fußspitze im Ziel, und zwar immer dann, wenn sich Menschen für andere einsetzen, sie sich um Frieden bemühen. In der Sprache der Bibel heißt das: Das Reich Gottes ist schon angebrochen, die neue Zeit steht unmittelbar bevor. Diese Spannung zwischen „noch nicht" und „schon jetzt" ist sehr wichtig für das Christentum. Gerade Martin Luther, der Reformator, hat darauf gepocht und zum Beispiel der radikalen Täuferbewegung in Münster, die ihre Stadt als „Neues Jerusalem" verstand, eine klare Absage erteilt.

Seit Beginn der Reich-Gottes-Verkündigung gibt es diese beiden Vorstellungen: dass das ersehnte Reich als räumliche Größe entstehen wird, real sichtbar und politisch fassbar. Oder dass es eine innere, unsichtbare Macht im Menschen ist. Auch die Zeitdimension verändert sich: Je nach politischen Umständen zieht sich die zeitliche Erwartung der Menschen wie ein Gummiband auseinander oder zusammen. In Zeiten religiöser Verfolgung in den ersten drei

Jahrhunderten war die politische Hoffnung groß, dass die römische Besatzungsmacht durch einen Messias bald besiegt und vertrieben werde. In Zeiten religiöser Toleranz wirkte die Reich-Gottes-Predigt mehr innerlich und eher zeitlos. Auch in der Ausprägung der evangelischen Konfessionen zeigt sich das: Manche kirchlichen Bewegungen, so zum Beispiel der Pietismus des 18. Jahrhunderts, betonte die Frömmigkeit, also das innere Reich Gottes, andere, wie zum Beispiel die Mennoniten, engagieren sich stark für das Thema Frieden.

Gegen jeden Versuch, das Reich Gottes auf Biegen und Brechen aufzurichten, bezog Jesus Position. Er setzte dagegen sein Gleichnis vom Wachsen der Saat (Markusevangelium, Kapitel 4). Die Botschaft: Veränderungen geschehen langsam – aber sie lassen sich durch nichts aufhalten.

Eduard Kopp

Hilft beten?

Öfter, als uns bewusst ist, formulieren wir unsere
sehnlichsten Wünsche. Gebete sind offensichtlich kein
Monopol der Religionen

„Bitte, bitte, eine Drei", wispert die Schülerin flehentlich, während der Chemielehrer die korrigierten Klausuren austeilt. Der Lehrer hält das mit Rotstift bearbeitete Blatt fertig benotet in seiner Hand. Die Zensur auf dem Papier wird sich bestimmt nicht mehr in eine bessere verwandeln. Die Schülerin kann bestenfalls hoffen, dass die Sache günstig für sie entschieden ist. Genau genommen ist das Flehen der Schülerin ein Gebet. Vollständig müsste ihr Satz heißen: „Bitte, lass es eine Drei sein!" Dabei weicht die Schülerin auf Nachfrage, an wen sie die Bitte richtet, vermutlich aus: „Das ist nur so eine Redensart."

Jeder Mensch betet – wenigstens hin und wieder. Dem „O Gott!"-Seufzer merkt man das zumindest formal noch an. Auch ein „Oje" ist ein abgekürztes Stoßgebet, vollständig heißt es: „O Jesus!" Theologen sagen, das Gegenüber des inneren Zwiegesprächs sei Gott. Denn es gehört nun einmal zu einem Wunsch, dass man ihn an jemanden richtet.

Das Gebet ist aber deshalb noch lange kein Monopol der Religionen. Nur weil jemand die Vorstellung ablehnt, dass Gott ein persönliches Gegenüber ist, muss er das Stoßgebet keinesfalls für eine Schrulle halten. Abtrainieren sollte er es sich jedenfalls nicht. Sonst verlernt er möglicherweise zu benennen, was er eigentlich gerade will.

Etwas anderes ist das religiöse Gebet, das in einen Ritus eingebunden und von Formeln durchsetzt ist. Jesus von Nazareth stand ihm eher skeptisch gegenüber. „Wenn ihr betet, sollt ihr nicht wie die Heuchler sein, die gern in Gotteshäusern und an Straßenecken stehen und beten, damit die Leute sie sehen", sagte er in der Bergpredigt (Matthäus 6).

„Wenn du betest, geh in deine Kammer, schließ die Tür zu und bete zu deinem Vater, der im Verborgenen ist", heißt es da weiter. Im Gebet soll der Mensch nicht religiöse Selbstdarstellung betreiben, sondern Gott seine Herzenswünsche vortragen – auch wenn „euer Vater weiß, was ihr bedürft, bevor ihr ihn bittet". So sah es Jesus.

Im Klassenzimmer tritt der Chemielehrer vor die Schülerin und drückt ihr die Klausur in die Hand. Wieder eine Fünf! Hätte sie sich doch besser auf die Klausur vorbereitet! Auf das bange Hoffen folgt die Enttäuschung. War das Stoßgebet umsonst? – Nein, das war es nicht. Wer wunschlos ist, dem kann auch kein Wunsch in Erfüllung gehen. Man kann die Frage auch umgekehrt stellen. Wenn die Chemieklausur doch mit einer Drei benotet worden wäre, hätte das bedeutet: Gott hat das Gebet der Schülerin erhört? Aus Sicht der Betenden schon.

„Bittet, so wird euch gegeben", sagte Jesus (Matthäus 7): „Klopft an, so wird euch aufgetan." Sollte deshalb jeder Gebetswunsch in Erfüllung gehen? Nicht unbedingt. Ein Gebet ist darin einer Bitte von Mensch zu Mensch ähnlich. Sie kann überwältigend direkt sein, wie die des blinden Bettlers Bartimäus in Jericho. Jesus fragt ihn: „Was willst du?" Er antwortet: „Dass ich sehen kann" (Markus 10,51). Woraufhin Jesus ihn heilt. Ebenso kann eine Bitte ausgeschlagen werden. Nachts im Garten Gethsemane fleht Jesus in Todesangst: „Lass diesen Kelch an mir vorübergehen" (Lukas 22,42). Da sind die Wachleute schon im Anmarsch. In derselben Nacht wird Jesus verklagt und tags darauf zu Tode gequält.

Im Gebet kann der Mensch zu einer starken Persönlichkeit heranreifen. Er kann lernen, seine Wünsche auf das Wesentliche zu konzentrieren: auf das tägliche Brot, darauf dass ihm die Schuld vergeben wird, dass er vor Versuchungen bewahrt und dem Bösen fern bleibt.

Aus kleinen Wünschen können auch große werden. Der Mensch kann im Gebet lernen, Gott die Ehre zu geben: „Geheiligt werde dein Name." Er kann Frieden und Gerechtigkeit herbeisehnen: „Dein Reich komme." Und er kann darin gelassen werden, Dinge hinzunehmen, die er selbst nicht ändern kann: „Dein Wille geschehe." Diese Bitten hat Jesus in dem schönsten aller Gebete zusammengefasst. Es beginnt so: „Vater unser im Himmel."

Burkhard Weitz

Wofür sind
die Engel da?

Barockputte, himmlischer Doppelgänger,
jenseitige Schreckgestalt – das phantastische
Flügelwesen ist mehr als eine Metapher
für Geborgenheit

Ein beliebtes Postkartenmotiv aus der Kaiserzeit zeigt zwei pausbäckige Kinder, die selbstvergessen auf einer Blumenwiese spielen. Erst auf den zweiten Blick sieht man, dass beide am Rande eines Abgrunds stehen. Doch ein leuchtend weißer Schutzengel mit riesigen Flügeln flankiert die Kinder und hält schützend seine Hände über sie.

Spätestens gegen Ende der 1940er Jahre wurde dieses Bild aus den Kinderstuben verbannt. Denn den Menschen des von Weltkriegen, Inflation und Diktatur geplagten 20. Jahrhunderts erschien der Engelsglaube naiv. Erst in den achtziger Jahren kamen die Engel in ihren unterschiedlichsten Funktionen wieder in Mode, zunächst als Lichtwesen der Esoterik, in den Neunzigern als Barockputten, seit der Jahrtausendwende auch als Blumentopfschmuck und Wohnzimmerinstallation.

Inzwischen kursiert sogar wieder die Postkarte aus der Kaiserzeit. Schutzengel haben Hochkonjunktur. Nach einer Umfrage des Allensbacher Meinungsforschungsinstitutes glaubt jeder zweite Deutsche an ihre Existenz. Wer einen Schutzengel um sich wähnt, fühlt sich behütet. Er glaubt, einen unsichtbaren Begleiter zu haben, der bei Gefahr einspringt, der Wärme verströmt und den harten, eintönigen Alltag erleichtert.

Wenn sich der Mensch dann doch mal hilflos und einsam fühlt, dann glaubt er eben, der Schutzengel habe ihn kurzzeitig verlassen. Kurzum: Der Schutzengel ist eine volkstümliche Metapher für das Gefühl des Behütetseins. Mehr nicht?

Der Psychoanalytiker und katholische Theologe Eugen Drewermann hat einmal gesagt: „Jeder Mensch trägt in sich ein bestimmtes Bild, einen bestimmten Ton, ein bestimmtes Wort, das er zum Gemälde, zur Symphonie, zum Gedicht ausgestalten muss. Nur dafür lebt er. Ein Mensch, der begreift, wozu er da ist, wäre nach mythologischer Sprachweise begleitet und geführt von seinem Engel." Im Engel begegnet uns demnach ein inneres Gegenüber, das uns anspornt, unseren Weg im Leben zu gehen, und der Sinngeber, der uns hilft, die Scherben zerbrochener Illusionen neu zu einem sinnvollen Gebilde zusammenzufügen und Niederlagen einen Sinn abzugewinnen.

Auch die biblischen Engel kann man als inneres Gegenüber deuten. Sie treten in den Geschichten stets als Gottesboten auf, als Botschafter des ganz Anderen. Die Engel der Bibel bestätigen die Menschen nicht bloß in dem, was sie sind. Sie kritisieren und provozieren auch. So fordert ein Engel den Propheten Elia auf, sein missionarisches Wirken fortzusetzen, als der sich aus Angst vor den Herrschern versteckt und am liebsten sterben möchte (1. Könige 19).

Andere Engel setzen den Menschen Grenzen, wie jene aus der Schöpfungsgeschichte, die Adam und Eva mit einem Flammenschwert den Rückweg ins Paradies versperren (1. Mose 3,24). Selbst wenn die Engel der Bibel gute Nachrichten überbringen, verbreiten sie Angst und Schrecken. „Fürchtet euch nicht!", beruhigt der Weihnachtsengel die Hirten auf dem Felde, bevor er ihnen die Geburt des Heilands verkündet (Lukas 2,10). Biblische Engel sind also keine Repräsentanten des schönen Scheins.

Anders als der Schutzengel aus der Kaiserzeit, der die Kinder vor dem Sturz in den Abgrund bewahrt, können die

Engel der Bibel längst nicht jedes Unglück abwenden. „Wenn du Gottes Sohn bist, so wirf dich von der Zinne des Tempels herab", sagt der Teufel zu Jesus, als er ihn auf die Probe stellt (Matthäus 4,6). Ihm, dem Gottessohn, werde schon nichts passieren. Zum Beweis zitiert der Teufel einen biblischen Psalm: „Der Herr hat seinen Engeln über dir befohlen, dass sie dich auf den Händen tragen." Jesus antwortet ihm mit einer anderen Bibelstelle: „Du sollst den Herrn, deinen Gott nicht versuchen" (5. Mose 6,16). Der Glaube an Schutzengel sollte also niemanden zu Leichtsinn und Hochmut verleiten.

Zugleich predigt Jesus ein geradezu kindliches Vertrauen in die Schutzengel. „Seht zu, dass ihr nicht einen von diesen Kleinen verachtet", lehrt er über die Kinder. „Denn ich sage euch: Ihre Engel im Himmel sehen allezeit das Angesicht meines Vaters im Himmel" (Matthäus 18,10).

Das heißt: Jeder Mensch hat einen Engel, und die Engel der Kinder stehen Gott besonders nahe. Kaum einer hat solche Worte besser verstanden als der Theologe und Widerstandskämpfer gegen die Nazis, Dietrich Bonhoeffer. Er fühlte sich noch in der Todeszelle kurz vor seiner Ermordung „von guten Mächten wunderbar geborgen".

Burkhard Weitz

Was passiert im Gottesdienst?

Ohne dass er es merkt, wird der Kirchgänger
sonntags früh in ein Drama verwickelt,
das der Heimkehr des verlorenen Sohns gleicht.
Die Hauptrolle spielt er selbst

„Allein Gott in der Höh sei Ehr und Dank für seine Gnade. Darum dass nun und nimmermehr uns rühren kann kein Schade." Jedes Mal, wenn er im Gottesdienst dieses Lied höre, so erzählt ein Mittvierziger, überwältige ihn das Aufbrausen der Orgel und der euphorische Text mit seiner Friedensvision: „Ein Wohlgefalln Gott an uns hat; nun ist groß Fried ohn Unterlass, all Fehd hat nun ein Ende." Schon als Kind habe ihn diese Stelle im Gottesdienst tief beeindruckt, erzählt der Mann. Dieses Gefühl, überwältigt zu sein, habe er seither jedes Mal wieder gespürt.

Im lutherischen Gottesdienst gehört das Lied „Allein Gott in der Höh sei Ehr" zu einer festen Folge von Gebeten und Chorälen, die Außenstehenden vielleicht unverständlich und altertümlich erscheinen. Aber wer regelmäßig den Gottesdienst besucht, für den erschließt sich darin nach und nach eine feste Dramaturgie.

Auch wenn es in manchen Gemeinden sonntagmorgens alles andere als dramatisch zugeht – emotional kann ein Kirchgänger innerhalb der einen Stunde eine ähnliche Entwicklung durchleben wie der „verlorene Sohn" aus Jesu Gleichnis (Lukasevangelium 15,11–32). Denn unterschwellig erzählen katholische Messe und lutherischer Gottesdienst die Geschichte einer Trennung und Versöhnung, eines Abschieds und einer Heimkehr – mit dem Gottesdienstbesucher in der Hauptrolle.

In Jesu Gleichnis lässt sich der Sohn eines vermögenden Mannes sein Erbe auszahlen. Er zieht damit in die Ferne, er verprasst es, fällt in Armut. Irgendwann ist seine Not so groß, dass ihm die Einsicht kommt, es sei besser heimzukehren, als zu leiden. Der Sohn entschließt sich, zu seinem Vater zurückzukehren und ihm zu sagen: „Ich habe gesündigt gegen den Himmel und vor dir."

An dieser Stelle setzt der Gottesdienst ein. „Im Namen des Vaters, des Sohnes und des Heiligen Geistes", sagt der Pfarrer. Diese Worte stehen wie ein Weckruf am Anfang. Dem Kirchgänger wurden sie erstmals gesagt, als sein christliches Leben begann: bei der Taufe. Sie erinnern ihn daran, dass er eigentlich ein christliches Leben führen sollte (was vermutlich niemand so richtig hinbekommt). Es folgt ein Schuldbekenntnis. Der Kirchgänger bekennt, dass er sich von Gott – im biblischen Gleichnis: vom Vater – entfernt hat. Er erinnert sich an Lieder seiner Kindheit – die Psalmen – und macht sich auf den Weg. Schon von weitem sieht der Vater seinen Sohn kommen. Und er läuft ihm entgegen. Der Sohn sagt: „Vater, ich habe gesündigt" – dies entspricht im Gottesdienst der Bitte: „Herr, erbarme dich." Doch der Vater im Gleichnis empfängt den Sohn mit offenen Armen. „Ehre sei Gott in der Höhe", singen die Kirchgänger. Und: „Allein Gott in der Höh sei Ehr." Es ist der Moment der Heimkehr, vielleicht erleben viele Kirchgänger den Augenblick auch deshalb so emotionsgeladen.

Der Sohn im Gleichnis bekommt ein neues Gewand übergestreift. Antike Christen assoziierten damit das Taufkleid. Wie ein Täufling, den man in ein weißes Gewand hüllte, erhält der Kirchgänger nun seinen Taufunterricht. Er wird in der Heiligen Schrift unterwiesen: Jemand liest aus der Bibel vor, der Pfarrer erläutert das Gelesene in der Predigt.

Im Gleichnis Jesu, wie es im Lukasevangelium zu lesen ist, lädt der Vater zum großen Versöhnungsfest ein – lutherischer Gottesdienst wie katholische Messe enden mit dem Abendmahl beziehungsweise der Eucharistiefeier. Und wenn der Pfarrer ganz zum Schluss den Segen austeilt, hat es Ähnlichkeit mit dem, was der Vater im Gleichnis zu Beginn der Geschichte tut: Er teilt sein Vermögen unter den Söhnen. Und in den Gemeinden? Einige Kirchgänger verhalten sich wie der Bruder des verlorenen Sohns und ärgern sich, dass man ein Fest ausrichtet für Leute, die es nicht verdient haben. Andere kümmern sich – wie der verlorene Sohn – nur um sich selbst.

Gebete, Lieder, Lesungen, Predigt und Abendmahl sind sicherlich mehr als Teile einer Erzählung. Im Gottesdienst wird aber ein Lied wie „Allein Gott in der Höh sei Ehr" deshalb zum emotionalen Höhepunkt, weil es einen Wendepunkt markiert: die Rückkehr nach Hause.

Burkhard Weitz

Gibt es Gottesurteile?

Sie galten einmal als untrügliche Beweise vor Gericht: Mit Feuer-, Blut- und Wasserproben überführten Richter die Täter. Immer dann, wenn ihr menschlicher Verstand nicht ausreichte

Es war selbstlos und mutig, das Attentat von Claus Schenck Graf von Stauffenberg auf Adolf Hitler am 20. Juli 1944 in der Wolfsschanze, dem Führerhauptquartier in Ostpreußen. Aber der Plan misslang. Die in einer Aktentasche versteckte Sprengladung tötete Hitler nicht. Ein Mitverschwörer im Widerstand, der Politiker Carl Friedrich Goerdeler, erklärter Gegner des Attentats, sagte später in der Haft: Dass dieser Plan gescheitert ist, sei ein Gottesurteil gewesen. Stauffenberg und Goerdeler wurden später hingerichtet, wie insgesamt mehr als 200 an der Erhebung Beteiligte.

Ein Gottesurteil? Diese ernste Bemerkung zeigt, wie sicher Menschen früher darauf vertrauten, dass Gott ganz konkret in die Weltenläufte eingreift. Auch zu Goerdelers Zeiten war ein Gottesurteil aber nur noch eine Gedankenfigur und hatte nicht mehr mit der Urteilsfindung im Strafprozess zu tun.

Ursprünglich galten Gottesurteile als wichtige Beweismittel in Gerichtsverfahren. Aus dem germanischen Recht hatten sie Eingang in das abendländisch-kirchliche Recht gefunden. „Mit Gottes Hilfe" suchten die Richter Licht ins Dunkel der Straftaten zu bringen. Schuldig oder nicht schuldig? Wo Indizien nicht ausreichten oder Delinquenten die Tat bestritten, griffen die Richter zu einem probaten Beweismittel: Sie ließen Gott entscheiden. Als unschuldig galten Beklagte, die eine Probe bestanden. Gelang ihnen das nicht, galten sie als überführt.

Dazu hatten sie etliche Methoden entwickelt. Zum Beispiel waren Feuerproben weit verbreitet: Die Beschuldigten mussten mit nackten Füßen über glühende Pflugscharen gehen (und die Brandwunden sich in Grenzen halten beziehungsweise schnell abheilen) oder mit einem wachsgetränkten Hemd durch einen brennenden Holzstoß steigen (ohne dass sich das Hemd entzündete). Sie mussten mit der nackten Hand einen Gegenstand aus einem Kessel kochenden Wassers oder siedenden Öls holen – blieb der Wundbrand aus, war der Delinquent gerettet.

Der Fantasie der Richter waren kaum Grenzen gesetzt: Begann der Leichnam des Opfers in Anwesenheit des Täters wieder zu bluten? Zeigte der Proband nach Aufnahme der geweihten Hostie abnorme Verhaltensweisen? Welche von zwei Kerzen erlosch zuerst – es war stets die des Schuldigen, nie die des Unschuldigen. Bis ins 16. Jahrhundert hielten sich diese Gottesurteile, zum Beispiel als Wasserprobe in Hexenprozessen: Ging die gefesselte Beklagte unter, galt sie als unschuldig (und wurde im letzten Moment aus dem Wasser gezogen), schwamm sie obenauf, war das Todesurteil nicht fern.

Die Rede vom Gottesurteil oder einer Feuerprobe hat heute fast nur noch als Sprachformel überlebt. Journalisten und Politiker bemühen diese Vokabeln, um ihren Aussagen Gewicht zu geben. Dass einer der Diebe, die vor Jahren 119 Picasso-Gemälde in Avignon stahlen, beim Verhör danach starb, erschien einem Journalisten als Gottesurteil (mit Fragezeichen). Manchmal setzten sich in den Köpfen der Zeitungsleser auch zwei nicht zusammengehörende Fakten zueinander in Beziehung: Nachdem der erzkonservative Bischof Williamson von den Piusbrüdern den Holocaust geleugnet hatte, wurden Seminaristen dieses Ordens beim Wandern von einer Gesteinslawine verschüttet, einer starb.

Ausgesprochen zynisch hingegen war eine Bemerkung der früheren Fernsehmoderatorin Eva Herman: Das tödliche Unglück bei der Loveparade in Duisburg könne auch einen höheren Sinn haben. Herman wörtlich: „Eventuell haben hier auch andere Mächte eingegriffen, um dem schamlosen Treiben ein Ende zu setzen." Gegen diese Äußerung bezog umgehend der katholische Bischof von Essen, Franz-Josef Overbeck, Stellung. Diese Katastrophe als Gottesurteil zu interpretieren, sei „furchtbar anmaßend und vergrößert den Schmerz der Betroffenen". Jetzt gelte es, gemeinsam die Trauer auszuhalten und mit den Opfern solidarisch zu sein.

Es umhüllt etwas Mythisches den Gedanken des Gottesurteils. So bedauerlich es ist, wenn sich manche Straftat nicht aufklären lässt, und so sehr der Wunsch drängt, die Schuld der Beteiligten zu ergründen, so eindeutig gilt auch der Grundsatz des modernen Rechts: im Zweifel für den Angeklagten. Wo rationale Analysen nicht ausreichen, um einen Täter zu überführen, hilft auch kein blindes Gottvertrauen.

Eduard Kopp

Gibt es Religion ohne Angst?

Generationen von Christen lebten in Angst und Schrecken vor einem allmächtigen Gott, vor Hölle und Jüngstem Gericht. Vom Thema versteht die Kirche immer noch viel.

Ja, das gibt es: eine Basilika, die der Angst gewidmet ist. Am Fuß des Ölbergs in Jerusalem steht sie, an der Stelle, an der Jesus seiner Festnahme und Exekution entgegensah. In Todesangst betete er dort, und deshalb heißt die Kirche Todesangstbasilika.

Wo es um Religion geht, ist die Angst nicht fern. Aber wovor? Die Angst vor martialischen Höllenstrafen sprach aus manchem kirchlichen Wandgemälde des Mittelalters – gegen die Gefahren für Leib und Seele wappneten sich die Menschen mit dem Schutz der Sakramente und der Fürsprache der Heiligen. Nicht immer ist auf den ersten Blick zu erkennen: Stiftet und verwaltet die Kirche Angst oder hilft sie, die Angst zu bewältigen? In der Religionspsychologie stand lange die Religionskritik Sigmund Freuds im Zentrum. Sie wirkt bis heute nach. Freud, Gründer der Psychoanalyse, sah Religion als kollektive Zwangsneurose: Sie fördere die Gewissensangst der Menschen, dann zum Beispiel, wenn sie vorgeschriebene Rituale ignorieren oder nicht peinlich exakt ausführen. Freud (1856–1939), selbst Jude, hatte den Wiener Katholizismus vor Augen. Und da fand er: Dieser macht Menschen infantil und fesselt sie an Illusionen. Hinter allem stehe die Sehnsucht nach einem allmächtigen Vater, dem die Gläubigen mal blinde Zuneigung, mal Hass entgegenbrächten.

Freuds negative Sicht ist nicht mehr bestimmend beim Thema Religion und Angst. Religionspsychologen befassen sich mit viel breiter gestreuten Themen, allerdings tauchen die Themen Freiheit und Angst, Selbstbestimmung und Zwang auch immer mal wieder auf. Der Psychoanalytiker

Erich Fromm (1900–1980) stellte positiv heraus, dass der Glaube Orientierung im Leben gebe, aber er kritisierte auch autoritäre Seiten der Religion, die Gehorsam, Unterwerfung und Selbstentfremdung mit sich bringen. Nur eine „humanistische Religion" befreie die Menschen von äußeren und inneren Zwängen, mache die Menschen zur Hingabe fähig. Oder Eugen Drewermann, der katholische Theologe und Psychoanalytiker. Er steuert in seinen zahlreichen Büchern immer wieder das Begriffspaar Angst und Vertrauen an. Biografisch hat dies damit zu tun, dass er als kleiner Junge Bombennächte des Zweiten Weltkriegs erleben musste. Im Mythos vom Sündenfall (1. Buch Mose) sieht er ein treffendes Bild für die Gefühlslage des Menschen. Sie ist bestimmt von der Angst – vor der eigenen Minderwertigkeit, vor dem Versagen, auch vor der Strafe Gottes. Adam und Eva ließen sich im Paradies von der Schlange verführen, für Drewermann: vom Trieb und der Versuchung, andere zu beherrschen und Herr über Gott sein zu wollen. Das Ergebnis: noch mehr Angst.

Kann die Religion von der Angst befreien? Ja, sie kann es und tut es – wenn es ihr ernst ist mit der Rede von der befreienden Gnade Gottes. Und wenn man alles aus dem Glauben herausträgt, was den Anschein erweckt, als habe man es mit seinen Taten und Werken selbst in der Hand, sich Gottes Gnade zu verschaffen. Im Evangelischen Erwachsenenkatechismus (EEK) taucht der Begriff der Angst im Register zwar gar nicht erst auf, wohl aber dann auf vielen Seiten. Dreh- und Angelpunkt des evangelischen Umgangs mit der Angst ist das Vertrauen auf Gottes Zuwendung, genau darin besteht der Glaube. Im EEK heißt es: „Wer auf die Güte Gottes zu setzen wagt, für den gilt in Schuld, Angst oder Krankheit: ‚Dein Glaube hat dich gesund gemacht.‘ Deshalb führt Jesus seine Jünger mit der vertraulichen Gebetsanrede Abba (Papa) in eine familiäre Verbundenheit zu Gott und lädt sie dazu ein, diese unverdiente Freundlichkeit Gottes ebenso bedingungslos anderen zu erweisen: ‚Liebet eure Feinde …, damit ihr Söhne werdet eures Vaters im Himmel.‘ Der Mensch lebt nicht aus eigener Kraft oder Leistung." (Seite 190)

Gibt es Religion ohne Angst? Besser nicht. Denn dass Menschen ihre Ängste mit ihrem Glauben bewältigen können, ist eine große Chance. Verzichtbar hingegen sind Glaubensrichtungen, die Angst stiften und verwalten – oft fundamentalistische Spielarten der Religionen. Angstmacher gibt es schon genug in dieser Welt – in den Kirchen, Gott sei Dank, immer weniger.

Eduard Kopp

Spricht Gott im Traum?

Seit biblischen Zeiten gibt es darüber Streit.
Erzvater Jakob berief sich auf seine Träume, Prophet
Jeremia hielt sie für dummes Zeug

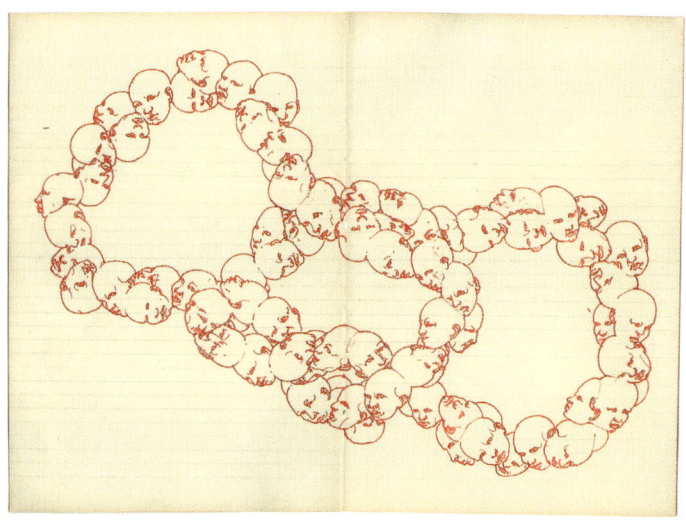

Die Brunst ist eine unruhige Zeit. Die Böcke riechen streng. Sie bespritzen sich mit Urin, sie überwinden hohe Hindernisse, um zu den Ziegen zu gelangen, sie sind äußerst aggressiv. Das erste Buch Mose (Kapitel 31) erzählt von Jakob, der für seinen Schwiegervater Laban die Ziegen hütet. Während der Brunstzeit schläft er schlecht. Er träumt von gestreiften, gepunkteten und gefleckten Böcken, die „auf die Herde sprangen". Ein Götterbote zeigt auf die Tiere. Er sagt, er habe alles gesehen, was Laban ihm, Jakob, antue. Er solle Laban verlassen und zu seinen Verwandten heimkehren.

Für einige Traumforscher sind Träume Abfälle der nächtlichen Hirntätigkeit, psychologisch nicht relevante neurologische Prozesse. Andere sagen in Anlehnung an den Psychoanalytiker Sigmund Freud: Träume spiegeln das Unbewusste, die Wünsche und Ängste, die tagsüber durch das rationale Bewusstsein kontrolliert werden. Träume geben uns Zugang zu einer Art Jenseits in uns selbst.

Sind Träume wirre Fantasien oder Botschaften aus dem Jenseits, vielleicht sogar von Gott? Schon die biblischen Autoren sind geteilter Meinung. Ihr Widerspruch durchzieht die jüdisch-christliche Tradition bis heute. Der Autor der Jakobserzählung ist jedenfalls überzeugt, Gott selbst habe zu Jakob im Traum gesprochen. Jakob träumt von dem, was ihn täglich beschäftigt: die geilen Böcke, der Wunsch heimzukehren, der gaunerhafte Schwiegervater. Laban hatte Jakob die Hand seiner Tochter Rahel versprochen und ihm dann die ältere Lea bei der Hochzeit untergejubelt. Er wollte ihm mal die bunten, mal die gesprenkelten Ziegen überlassen, je nachdem, welche gerade in der Minderzahl waren. Nun meint Jakob, Gott ermutige ihn im Traum, sich mit Labans ganzer Herde davonzumachen. Der Traum legitimiert einen Diebstahl. Jakobs Schwiegervater wird bezweifelt haben, dass das wirklich Gottes Wille war.

Im Traum lebt sich der instinktive, emotionale Teil des Bewusstseins aus. Manchmal kommen Assoziationen zustande, die tatsächlich erhellend sind. Man erkennt etwas, das einem im Wachzustand entgangen ist. Auch diese Erfahrung macht Jakob. Er träumt von einer Leiter, die von der Erde bis an den Himmel reicht. Engel steigen an ihr auf und nieder, ganz oben steht Gott, der Herr. Als er aus seinem Schlaf erwacht, sagt Jakob: „Fürwahr, der Herr ist an dieser Stätte, und ich wusste es nicht!" Er erklärt den Ort für heilig (1. Mose 28). Die Erzählung dient dem antiken Heiligtum in Bet-El 17 Kilometer nördlich von Jerusalem später als Gründungslegende.

Andere Träume in der Bibel enthalten geheimnisvolle Botschaften, die die Träumer selbst nicht verstehen. Nur Traumdeuter können sie entschlüsseln. Jakobs Sohn Josef macht in dieser Funktion Karriere beim ägyptischen Pharao. Er erklärt, was dessen Traum mit den sieben fetten und den sieben mageren Kühen bedeutet: Auf sieben Jahre mit reichen Ernten folgen sieben Jahre der Dürre. Josef empfiehlt Lagerhaltung – und avanciert zum zweitmächtigsten Mann im Staat.

Jahrhunderte später macht ein jüdischer Traumdeuter namens Daniel am babylonischen Hof eine noch bemerkenswertere Figur. Er deutet nicht nur des Königs

Traum, er kann sogar rekonstruieren, was der übellaunige Potentat beim Aufwachen schon wieder vergessen hatte (Daniel 2).

Dennoch bleiben andere biblische Autoren skeptisch, ob es wirklich Gott ist, der sich im Traum offenbart. Für die Traumdeuter seiner Zeit, die sich Propheten nennen, hat Jeremia nur Spott übrig. Der biblische Prophet vergleicht ihre Träume mit dem Götzen Baal und nennt die Weissagungen der Deuter Lügen. Jeremia (23) lässt allein Gottes Wort gelten. Das Christentum versteht darunter später das Mensch gewordene Gotteswort: Jesus Christus.

Offenbart sich Gott im Traum? Nach christlicher Lehre ist allein Jesus Christus maßgeblich für das, was zu glauben und wonach zu handeln ist: seine Lehre, sein Leben, sein Tod und seine Auferstehung. Doch wenn ein Mensch durch einen Traum Klarheit gewinnt oder wenn eine Traumanalyse jemanden von Sorgen befreit, darf er darin gerne einen Wink des Himmels sehen.

Burkhard Weitz

Was sagen die Kirchen zur Organspende?

Sie sagen Ja. Denn es gibt viele Menschen,
die ein neues Herz, eine Niere dringend brauchen.
Aber ein paar Fragen sind noch offen...

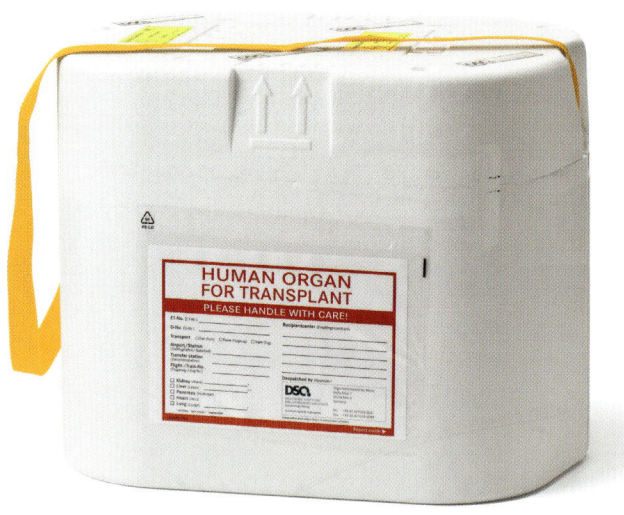

Ein neues Gesetz soll Bewegung in die Transplantationsmedizin bringen. Der Deutsche Bundestag hat im Mai 2012 beschlossen: Jeder erwachsene Bürger soll einmal in seinem Leben nach seiner Bereitschaft zur Organspende befragt werden. An die Stelle der Zustimmungslösung tritt die Entscheidungslösung. Die Politiker erhoffen sich, dass dadurch die Zahl der Spender deutlich steigen wird.

Die evangelische und die katholische Kirche in Deutschland haben im Jahr 1990 in einer gemeinsamen Erklärung eine Organspende als Zeichen von Nächstenliebe bezeichnet. Von einer Pflicht zu spenden könne aber keine Rede sein. Sie betonen vielmehr deutlich die Freiwilligkeit der Spende und heben die Würde des sterbenden und des toten Menschen hervor.

Die Kirchen haben einiges mehr zum Thema zu sagen als: Es muss mehr gespendet werden, und wir räumen für die Medizin ethische und religiöse Bedenken zur Seite. Manche religiösen Vorbehalte haben sich ohnedies inzwischen selbst erledigt. So pochte 1930 die katholische Kirche in ihrem Papier „Casti Connubii" noch auf die Unversehrtheit des menschlichen Körpers und lehnte sogar Amputationen ab – außer in akuter Lebensgefahr. Sie stellte sie auf eine Stufe mit Selbstverstümmelungen. Dass die Kleriker so dachten, hing mit ihrer Sicht auf Tod und ewiges Leben zusammen: Für die leibliche Auferstehung der Toten sei ein unvollständiger Körper weniger gewappnet als ein vollständiger.

Aus diesem Grund war lange Zeit auch eine Feuerbestattung für katholische Christen undiskutabel. Und ein weiteres Argument spielte dabei eine Rolle: Gott ist Herr über Leben und Tod, er allein hat Verfügungsgewalt über den Menschen – in diesem Fall bis in die Unversehrtheit des toten Körpers hinein. Dieser Gedanke begegnet einem bis heute bei den Themen Abtreibung oder Pränataldiagnostik, kaum noch aber beim Thema Transplantation.

Die kritischen Nachfragen der beiden Konfessionen haben heute viel mehr mit ethischen Grundsatzproblemen zu tun. So dürfen sie durchaus ein Warnsignal aufziehen, wenn Transplantationsbefürworter den Eindruck vermitteln: Die Zustimmung zur Spende gehe nur die unmittelbar beteiligten Personen etwas an, also Spender, Empfänger, Ärzte. Richtig ist: Es gibt Prinzipien, die den Interessen der beteiligten Personen übergeordnet sind, nämlich die Würde und die Freiheit des Menschen. Da stehen in der Debatte oft eine „Ethik der Interessen" und eine „Ethik der Würde" einander gegenüber (Wolfgang Huber).

Der Blick auf Würde, Freiheit und Integrität des Menschen wirft Fragen über Fragen auf. Zum Beispiel nach dem christlichen Menschenbild. Für Christen ist die menschliche Person mehr als der- und diejenige, die die Welt um sich herum wahrnehmen und eigenständig agieren können. Ist etwa nur ein bewusstes Leben menschliches Leben? Es fragt sich auch: Welche Bedeutung hat der Hirntod? Ist er der Tod schlechthin oder nur eine Stufe des Sterbens? Das Herz eines Hirntoten kann eventuell weiterschlagen, der Stoffwechsel weiterfunktionieren. Vielleicht gibt es sogar noch ein Schmerzempfinden. Manche evangelische Ethiker und Theologen sagen: Mit dem Hirntod ist das Leben nicht zu Ende, sondern es geht zu Ende. Eine intensivmedizinische

Behandlung könnte deshalb ein fragwürdiger Eingriff ins Sterben sein, da es das Sterben verlängert. Es gab Fälle, in denen Hirntote „am Leben" gehalten wurden, zum Beispiel bei einer Frau, die ihr Kind austragen sollte, was dann doch nicht gelang.

Zur Freiheit des Menschen gehört nach evangelischer Auffassung, dass nur der Sterbende die Zustimmung zur Organspende geben darf. Angehörige dürfen sie nicht anstelle des betroffenen Spenders treffen. Sie dürfen den Ärzten allenfalls mitteilen, ob der Sterbende die Spende ausdrücklich gewollt hat. Weiterzige Interpretationen sind ethisch problematisch.

Es ist gut, nein: Es ist notwendig, dass sich mehr Menschen zur Organspende bereit erklären. Das sagen auch die Kirchen. Es ist dann gut, wenn die Spender es aus freien Stücken tun.

Eduard Kopp

Was ist eigentlich gut an der Schöpfung?

Tiere fressen sich gegenseitig, die Natur lässt sich nicht bändigen, Menschen kommen unter die Räder. Das klingt nicht gerade nach einem Paradies

Bäume pflanzen: Davon verstand Katharina Bora, die geschickte Gärtnerin und Verwalterin eines Landgutes, eindeutig mehr als ihr Mann Martin Luther. Sie war es, die sich alltäglich dem Gartenbau und der Viehzucht widmete. Unter anderem kultivierte sie Obstbäume. Passender wäre es also, man schriebe ihr und nicht ihrem Mann den Satz zu: Wenn morgen die Welt unterginge, dann würde ich noch heute ein Bäumchen pflanzen. Es ist eines der berühmten Luther-Worte, auch wenn es wohl legendarisch ist. Die Natur: Sie steht für Überlebenswillen, unbändige Kraft, Heil. Sie ist Gottes gute Schöpfung. Der Bericht von der Schöpfung der Welt endet jedenfalls mit einem positiven Fazit Gottes: Er sah alles an, was er gemacht hatte, „und siehe, es war sehr gut" (1. Mose 1,31).

Gute Schöpfung? Einen jährlichen „Tag für Gottes gute Schöpfung" begeht zum Beispiel die Evangelisch-methodistische Kirche. In etlichen Predigten und Publikationen ist regelmäßig die Rede davon, dass die Schöpfung gut sei. Dem Autor Albert Sahnwaldt, einem gelernten Gärtner, späteren Lehrer und Mitarbeiter einer evangelischen Akademie, erscheint das allerdings als Stereotyp. Er sagt: Die Schöpfung ist nicht das Paradies (so auch der Titel seines Buches). Im Tierreich herrsche das Gesetz vom „Fressen oder Gefressenwerden". Krankheitserreger, Schmarotzer, Giftschlangen, tödliche Nahrungskonkurrenten – was an ihnen soll gut sein?

Die Frage nach der guten Schöpfung und deren Schöpfer stellt sich noch drängender, wenn es zu Natur- und Hungerkatastrophen kommt. Eine mitleidlose Natur, die Menschen in den Tod reißt, kann wohl nicht gut sein. An eine „gute Schöpfung" vermag noch weniger zu glauben, wer Opfer von Kriminellen geworden ist. Oder wer von Bankleuten an den Rand des wirtschaftlichen Ruins und der seelischen Verzweiflung getrieben wird. Folgt das etwa einem sinnvollen Plan der Schöpfung, der letzten Endes doch einen guten Ausgang nimmt?

Man könnte sich unter Hinweis auf den biblischen Schöpfungsbericht herausreden und sagen: Erst als Adam und Eva trotz Verbots vom „Baum der Erkenntnis von Gut und Böse" gegessen hatten, verkehrten sich das angenehme Leben und die tägliche Arbeit in eine Plage, und erst seitdem machen sich Tod und Untergang im Leben breit. In der Bibel gilt die Sünde der ersten Menschen nämlich als Ursache von Tod und Verderben. Diese Linie zieht sich bis in den Brief des Apostels Paulus an die Römer (5,12) durch.

Heute setzen Theologen den Akzent anders: Nicht der erste Mensch, jener Adam aus dem Paradies, hat das ganze Desaster angerichtet. Adam gibt es bis heute. Adam heißt, aus dem Hebräischen übersetzt: der Mensch. Er ist mit seinem Verhalten Repräsentant der ganzen Menschheit. Dass die Schöpfung nicht mehr gut ist, ist demnach unser aller Schuld. Aber auch mit dieser Überlegung bleibt das Dilemma bestehen: Sie erklärt überhaupt nicht, warum die Schöpfung oft so räuberisch, so gewalttätig, so ungerecht ist – eben alles andere als gut.

Wenn Juden und Christen von Gottes guter Schöpfung sprechen, gehen sie nicht über die Realität hinweg. Sie behaupten auch nicht, dass Religion und Glaube die Gesetze der Natur außer Kraft setzen können. Der Satz, dass die Schöpfung gut sei, ist nämlich keine wissenschaftliche Sachaussage, keine Beschreibung, sondern ein Bekenntnis: Wir glauben an das Gute.

Christen waren Schrittmacher im Tierschutz, in der Friedensbewegung, in der Fürsorge für Arme, in der Bildung. Sie üben Solidarität, wo Menschen wirtschaftlich unter die Räder kommen und es ihnen schwerfällt, ein menschenwürdiges Leben zu führen. Sie stellen sich auf die Seite derer, die von anderen kulturell ausgegrenzt werden. Wäre die Schöpfung unerschöpflich gut, hätte auch Martin Luther kein Bäumchen pflanzen brauchen – es hätte sich selbst gepflanzt. Aber es ging ihm um die Hoffnung. Seine Botschaft: Gewalt und Zerstörung, Krankheit und Armut sollen nicht die Erfahrungen sein, die unser ganzes Leben bestimmen.

Eduard Kopp

Evangelisch sein heißt frei sein. Aber wie?

Es hängt alles an einem entscheidenden Detail:
dass man unabhängig bleibt von den Auszeichnungen
und Urteilen anderer

Deutschlands größtes Boulevardblatt ist darin ganz groß: Es breitet mit professioneller Entrüstung das Fehlverhalten von Menschen vor den Lesern aus. „Mutter lässt Baby verdursten – weil sie feiern wollte": so eine Schlagzeile, und das, obwohl die zweiundzwanzigjährige Bianca zu diesem Zeitpunkt noch gar nicht verurteilt ist. Dass die Zeitung über das Thema berichtet, ist gut. Aber so, wie sie es präsentiert, wird aus einem – offensichtlich gravierenden – Tatvorwurf ein Unwerturteil über den ganze Menschen.

Die Boulevard-Methode, über Menschen mit genüsslicher Verachtung zu urteilen, ist gnadenlos. Das ist das exakte Gegenteil eines Grundsatzes, den Bibel und Reformation einschärfen: dass sich Menschen nicht mit ihrem Handeln identifizieren lassen. Tat und Täterin – das ist nicht dasselbe.

Im Vorfeld des Reformationsjubiläums 2017, dem 500. Jahrestag des Thesenanschlags Martin Luthers in Wittenberg, ist in der Kirche viel von der Freiheit des Menschen die Rede. Sie zählt zu den Grundsäulen evangelischen Glaubens und evangelischer Ethik.

Die allermeisten Geschichten, die über die Reformation erzählt werden, hängen mit Freiheitserfahrungen zusammen, darunter auch so menschelnde Ereignisse wie Martin Luthers Hochzeit mit der entlaufenen Nonne Katharina von Bora oder das demonstrative Wurstessen des Zürcher Reformators Ulrich Zwingli in der Fastenzeit. Die wichtigste Geschichte aber ist diese: Martin Luther, der etliche Aussagen in seinen Schriften (unter anderem „Von der Freiheit eines Christenmenschen") widerrufen soll, beruft sich vor dem

Reichstag 1521 zu Worms auf sein Gewissen und weist alle Unterwerfungsforderungen zurück.

Freiheit ist ein schillernder Begriff. Im konfessionellen Sinn bedeutet er aber etwas anderes, als was das Grundgesetz damit benennt oder was beispielsweise die amerikanische und Französische Revolution im 18. Jahrhundert forderten. Diese Grundrechte, das muss man leider sagen, mussten teilweise gegen die christlichen Kirchen erkämpft werden.

Evangelische Freiheit ist daran zu erkennen, dass man „im Entscheidenden frei (ist) von den problematischen Urteilen und Maßstäben dieser Welt und damit frei, das Notwendige tapfer und fröhlich tun zu können". So bringt es Christoph Markschies, Theologieprofessor an der Humboldt-Universität Berlin, in dem Buch „Rechtfertigung und Freiheit" auf den Punkt, das er mit anderen Fachleuten im kirchlichen Auftrag für das Reformationsjubiläum 2017 verfasste. Gemeint ist: Auch wenn andere Menschen vernichtende Urteile über einen fällen, kann das einen Menschen nicht von Grund auf infrage stellen.

Das ist kein Freibrief für Individualismus, schon gar nicht für eine Straftat wie die beschriebene. Es betont vielmehr, dass zwei Aspekte zusammengehören: sich frei zu fühlen und sich in Dienst nehmen zu lassen. Das zeigt sich im Leben von Martin Luther sehr deutlich: Als Ordensmann hat er jahrelang an der Vorstellung gelitten, Gottes Erwartungen nicht genügen zu können. Er versuchte so viele Sünden in sich aufzuspüren, dass es seinem Beichtvater Johann von Staupitz zu viel wurde. Es dauerte lange, bis Luther dieses zwanghafte Ringen um sein Seelenheil als Egoismus erkannte und hinter sich ließ. Erst als er verstand, dass Gott die Menschen unabhängig von ihrer Unvollkommenheit akzeptiert, fand er seinen inneren Frieden und die Freiheit, zu tun, was ihm wichtig war.

Es ist auch ein Abschied vom religiösen Leistungsdenken. „Der Mensch muss aushalten, dass er selbst nichts zu seiner Rechtfertigung beitragen kann", heißt es in dem Buch zum Reformationsjubiläum. Nicht nur Fehlleistungen, auch Leistungen sind vor Gott bedeutungslos. Ein starkes Stück für Menschen, die sich als Leistungsträger dieser Gesellschaft verstehen. Nein, „Gütesiegel" verleiht dieser Gott nicht. Er schätzt sie alle ohne Vorbehalte.

Eduard Kopp

Wer hat die Toleranz erfunden?

Christen gerade nicht, würde mancher sagen.
Eher die Aufklärung. Und trotzdem gehört diese
Tugend zum Kern des Christentums

Behandlung könnte deshalb ein fragwürdiger Eingriff ins Sterben sein, da es das Sterben verlängert. Es gab Fälle, in denen Hirntote „am Leben" gehalten wurden, zum Beispiel bei einer Frau, die ihr Kind austragen sollte, was dann doch nicht gelang.

Zur Freiheit des Menschen gehört nach evangelischer Auffassung, dass nur der Sterbende die Zustimmung zur Organspende geben darf. Angehörige dürfen sie nicht anstelle des betroffenen Spenders treffen. Sie dürfen den Ärzten allenfalls mitteilen, ob der Sterbende die Spende ausdrücklich gewollt hat. Weiterzige lnterpretationen sind ethisch problematisch.

Es ist gut, nein: Es ist notwendig, dass sich mehr Menschen zur Organspende bereit erklären. Das sagen auch die Kirchen. Es ist dann gut, wenn die Spender es aus freien Stücken tun.

Eduard Kopp

Was ist eigentlich gut an der Schöpfung?

Tiere fressen sich gegenseitig, die Natur lässt sich nicht bändigen, Menschen kommen unter die Räder. Das klingt nicht gerade nach einem Paradies

Bäume pflanzen: Davon verstand Katharina Bora, die geschickte Gärtnerin und Verwalterin eines Landgutes, eindeutig mehr als ihr Mann Martin Luther. Sie war es, die sich alltäglich dem Gartenbau und der Viehzucht widmete. Unter anderem kultivierte sie Obstbäume. Passender wäre es also, man schriebe ihr und nicht ihrem Mann den Satz zu: Wenn morgen die Welt unterginge, dann würde ich noch heute ein Bäumchen pflanzen. Es ist eines der berühmten Luther-Worte, auch wenn es wohl legendarisch ist. Die Natur: Sie steht für Überlebenswillen, unbändige Kraft, Heil. Sie ist Gottes gute Schöpfung. Der Bericht von der Schöpfung der Welt endet jedenfalls mit einem positiven Fazit Gottes: Er sah alles an, was er gemacht hatte, „und siehe, es war sehr gut" (1. Mose 1,31).

Gute Schöpfung? Einen jährlichen „Tag für Gottes gute Schöpfung" begeht zum Beispiel die Evangelisch-methodistische Kirche. In etlichen Predigten und Publikationen ist regelmäßig die Rede davon, dass die Schöpfung gut sei. Dem Autor Albert Sahnwaldt, einem gelernten Gärtner, späteren Lehrer und Mitarbeiter einer evangelischen Akademie, erscheint das allerdings als Stereotyp. Er sagt: Die Schöpfung ist nicht das Paradies (so auch der Titel seines Buches). Im Tierreich herrsche das Gesetz vom „Fressen oder Gefressenwerden". Krankheitserreger, Schmarotzer, Giftschlangen, tödliche Nahrungskonkurrenten – was an ihnen soll gut sein?

Die Frage nach der guten Schöpfung und deren Schöpfer stellt sich noch drängender, wenn es zu Natur- und Hungerkatastrophen kommt. Eine mitleidlose Natur, die Menschen in den Tod reißt, kann wohl nicht gut sein. An eine „gute Schöpfung" vermag noch weniger zu glauben, wer Opfer von Kriminellen geworden ist. Oder wer von Bankleuten an den Rand des wirtschaftlichen Ruins und der seelischen Verzweiflung getrieben wird. Folgt das etwa einem sinnvollen Plan der Schöpfung, der letzten Endes doch einen guten Ausgang nimmt?

Man könnte sich unter Hinweis auf den biblischen Schöpfungsbericht herausreden und sagen: Erst als Adam und Eva trotz Verbots vom „Baum der Erkenntnis von Gut und Böse" gegessen hatten, verkehrten sich das angenehme Leben und die tägliche Arbeit in eine Plage, und erst seitdem machen sich Tod und Untergang im Leben breit. In der Bibel gilt die Sünde der ersten Menschen nämlich als Ursache von Tod und Verderben. Diese Linie zieht sich bis in den Brief des Apostels Paulus an die Römer (5,12) durch.

Heute setzen Theologen den Akzent anders: Nicht der erste Mensch, jener Adam aus dem Paradies, hat das ganze Desaster angerichtet. Adam gibt es bis heute. Adam heißt, aus dem Hebräischen übersetzt: der Mensch. Er ist mit seinem Verhalten Repräsentant der ganzen Menschheit. Dass die Schöpfung nicht mehr gut ist, ist demnach unser aller Schuld. Aber auch mit dieser Überlegung bleibt das Dilemma bestehen: Sie erklärt überhaupt nicht, warum die Schöpfung oft so räuberisch, so gewalttätig, so ungerecht ist – eben alles andere als gut.

Wenn Juden und Christen von Gottes guter Schöpfung sprechen, gehen sie nicht über die Realität hinweg. Sie behaupten auch nicht, dass Religion und Glaube die Gesetze

Spricht Gott im Traum?

Seit biblischen Zeiten gibt es darüber Streit.
Erzvater Jakob berief sich auf seine Träume, Prophet
Jeremia hielt sie für dummes Zeug

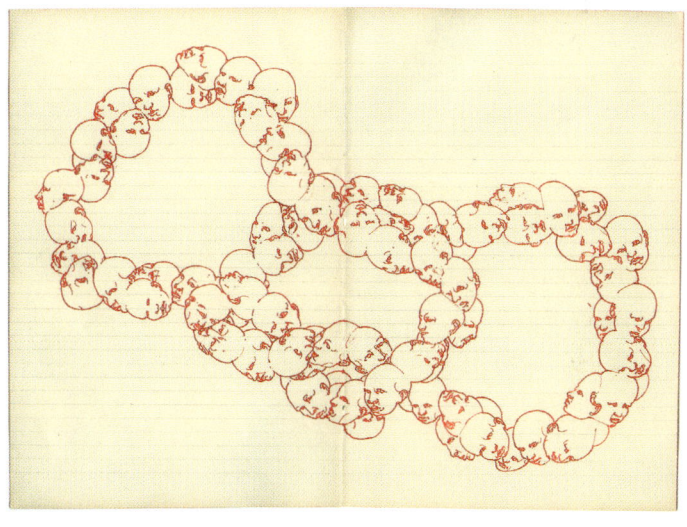

genau darin besteht der Glaube. Im EEK heißt es: „Wer auf die Güte Gottes zu setzen wagt, für den gilt in Schuld, Angst oder Krankheit: ‚Dein Glaube hat dich gesund gemacht.‘ Deshalb führt Jesus seine Jünger mit der vertraulichen Gebetsanrede Abba (Papa) in eine familiäre Verbundenheit zu Gott und lädt sie dazu ein, diese unverdiente Freundlichkeit Gottes ebenso bedingungslos anderen zu erweisen: ‚Liebet eure Feinde …, damit ihr Söhne werdet eures Vaters im Himmel.‘ Der Mensch lebt nicht aus eigener Kraft oder Leistung." (Seite 190)

Gibt es Religion ohne Angst? Besser nicht. Denn dass Menschen ihre Ängste mit ihrem Glauben bewältigen können, ist eine große Chance. Verzichtbar hingegen sind Glaubensrichtungen, die Angst stiften und verwalten – oft fundamentalistische Spielarten der Religionen. Angstmacher gibt es schon genug in dieser Welt – in den Kirchen, Gott sei Dank, immer weniger.

Eduard Kopp

Erich Fromm (1900–1980) stellte positiv heraus, dass der Glaube Orientierung im Leben gebe, aber er kritisierte auch autoritäre Seiten der Religion, die Gehorsam, Unterwerfung und Selbstentfremdung mit sich bringen. Nur eine „humanistische Religion" befreie die Menschen von äußeren und inneren Zwängen, mache die Menschen zur Hingabe fähig. Oder Eugen Drewermann, der katholische Theologe und Psychoanalytiker. Er steuert in seinen zahlreichen Büchern immer wieder das Begriffspaar Angst und Vertrauen an. Biografisch hat dies damit zu tun, dass er als kleiner Junge Bombennächte des Zweiten Weltkriegs erleben musste. Im Mythos vom Sündenfall (1. Buch Mose) sieht er ein treffendes Bild für die Gefühlslage des Menschen. Sie ist bestimmt von der Angst – vor der eigenen Minderwertigkeit, vor dem Versagen, auch vor der Strafe Gottes. Adam und Eva ließen sich im Paradies von der Schlange verführen, für Drewermann: vom Trieb und der Versuchung, andere zu beherrschen und Herr über Gott sein zu wollen. Das Ergebnis: noch mehr Angst.

Kann die Religion von der Angst befreien? Ja, sie kann es und tut es – wenn es ihr ernst ist mit der Rede von der befreienden Gnade Gottes. Und wenn man alles aus dem Glauben herausträgt, was den Anschein erweckt, als habe man es mit seinen Taten und Werken selbst in der Hand, sich Gottes Gnade zu verschaffen. Im Evangelischen Erwachsenenkatechismus (EEK) taucht der Begriff der Angst im Register zwar gar nicht erst auf, wohl aber dann auf vielen Seiten. Dreh- und Angelpunkt des evangelischen Umgangs mit der Angst ist das Vertrauen auf Gottes Zuwendung,

Ja, das gibt es: eine Basilika, die der Angst gewidmet ist. Am Fuß des Ölbergs in Jerusalem steht sie, an der Stelle, an der Jesus seiner Festnahme und Exekution entgegensah. In Todesangst betete er dort, und deshalb heißt die Kirche Todesangstbasilika.

Wo es um Religion geht, ist die Angst nicht fern. Aber wovor? Die Angst vor martialischen Höllenstrafen sprach aus manchem kirchlichen Wandgemälde des Mittelalters – gegen die Gefahren für Leib und Seele wappneten sich die Menschen mit dem Schutz der Sakramente und der Fürsprache der Heiligen. Nicht immer ist auf den ersten Blick zu erkennen: Stiftet und verwaltet die Kirche Angst oder hilft sie, die Angst zu bewältigen? In der Religionspsychologie stand lange die Religionskritik Sigmund Freuds im Zentrum. Sie wirkt bis heute nach. Freud, Gründer der Psychoanalyse, sah Religion als kollektive Zwangsneurose: Sie fördere die Gewissensangst der Menschen, dann zum Beispiel, wenn sie vorgeschriebene Rituale ignorieren oder nicht peinlich exakt ausführen. Freud (1856–1939), selbst Jude, hatte den Wiener Katholizismus vor Augen. Und da fand er: Dieser macht Menschen infantil und fesselt sie an Illusionen. Hinter allem stehe die Sehnsucht nach einem allmächtigen Vater, dem die Gläubigen mal blinde Zuneigung, mal Hass entgegenbrächten.

Freuds negative Sicht ist nicht mehr bestimmend beim Thema Religion und Angst. Religionspsychologen befassen sich mit viel breiter gestreuten Themen, allerdings tauchen die Themen Freiheit und Angst, Selbstbestimmung und Zwang auch immer mal wieder auf. Der Psychoanalytiker

Als er im Sterben lag, zählte Philipp Melanchthon die Vorteile des Todes auf: „Du wirst von der Tollwut der Theologen befreit", notierte er unter anderem. Allzu oft hatte der Diplomat der Reformation erlebt, wie Theologen mit gnadenloser Rechthaberei einen Streit unnötig verschärften. Und das, obwohl in Europa längst Religionskriege tobten und Menschen zu Tausenden ihr Leben ließen.

Tolerant ist, wer andere mit ihren Besonderheiten duldet – auch wenn es ihm schwerfällt. „Toleranz sollte eigentlich nur eine vorübergehende Haltung sein, sie muss zur Anerkennung führen", sagte Johann Wolfgang von Goethe. „Dulden heißt beleidigen." Es reicht eben nicht, Katholiken, Homosexuelle, Spießer und Tätowierte bloß zu tolerieren.

Die Menschen in Antike und Mittelalter kannten keine Toleranz in diesem Sinn. Vielleicht litten sie weniger als wir unter gesellschaftlichem Konformitätsdruck. Von „tolerantia" sprachen sie nur, wenn es galt, Schicksalsschläge zu erdulden. Aber dass Menschen mit anderen Gewohnheiten, Bräuchen und Umgangsformen eine Last seien, die man bestmöglich ertragen müsse, darauf kam damals niemand.

„Liebt eure Feinde", hat Jesus gesagt (Matthäus 5,44). Dennoch haben Christen von Anfang an sogenannte Ketzer ausgegrenzt, ab dem 11. Jahrhundert sogar grausam verfolgt. Mit der Reformation brach die ganze Christenheit auseinander – und mit ihr die politische Einheit Mitteleuropas. Der Kampf um die Rechtgläubigkeit wurde so unerbittlich geführt wie nie zuvor. Mit dem liebenden und vergebenden

Christus der Bibel hatte schon bald keine der Streitparteien mehr etwas gemein.

Toleranz ist das Wesensmerkmal der „wahren Kirche", schrieb der Philosoph John Locke 1689 aus Protest gegen solche Verirrungen. „Jede Kirche ist in ihren eigenen Augen rechtgläubig, in denen der anderen ketzerisch. Die Entscheidung dieser Frage steht nur dem obersten Richter über alle Menschen zu." Juristen forderten, dass der Staat sich mehr um den inneren Frieden sorgen müsse als um Fragen der Religion. Mit der Aufklärung kam die Erkenntnis: Menschen können Gott gar nicht beleidigen. Blasphemie, Götzendienst und Atheismus zu bestrafen, ist absurd. Kirchenfürsten zeigten sich trotzdem lange Zeit weiter uneinsichtig.

Der deutsche Staat hält sich heute aus religiösem Streit heraus und verlangt von seinen Bürgern Zurückhaltung in religiösen Streitfragen. Und die Kirchen bejahen die unparteiische staatliche Ordnungsmacht – wie damals in den Anfängen der Kirchengeschichte, als Christen im Schatten des römischen Kaiserreichs lebten, zuweilen sogar in Opposition zu ihm.

Inzwischen hat sich auch herumgesprochen: Das Toleranzgebot ist kein Freibrief, andere zu verspotten. Natürlich darf sich jeder über Religionen mit Satiren lustig machen. Karikaturen über den Propheten Mohammed müssen erlaubt sein. Doch ist es unredlich, von anderen Toleranz einzufordern, denen man selbst seinen Respekt verweigert.

„Alles ist erlaubt", schrieb bereits der Apostel Paulus in seinem ersten Brief an die Korinther (10,23), „aber nicht alles dient zum Guten." Bei allem, was man tut, solle man nie das Wohl des anderen aus dem Blick verlieren.

Das Toleranzgebot hat sich infolge der Religionskriege durchgesetzt – gegen den Protest kirchlicher Würdenträger. Und doch entspricht es dem, wofür das Christentum schon immer stand: „Agnus Dei, qui tollis peccata mundi", singen Christen seit zwei Jahrtausenden in jeder Messe. Im Deutschen geht die Doppelbedeutung des alten lateinischen Messgesangs verloren: „Christe, du Lamm Gottes, der du nimmst hinweg die Sünd der Welt." Man könnte auch übersetzen: „Christe, du Lamm Gottes, der du trägst, erduldest die Sünde der Welt."

Der Mann am Kreuz lässt seine Spötter und Verächter gewähren. Er wehrt sich nicht und verflucht niemanden. Stattdessen bittet er um Vergebung für seine Peiniger, „denn sie wissen nicht, was sie tun" (Lukas 23,34). Für eine christlich geprägte Toleranz sollte dieser Christus das Vorbild sein.

Burkhard Weitz

Soll man sich wirklich selbst lieben?

Liebe deinen Nächsten wie dich selbst,
heißt es in der Bibel. Was gerade keine Aufforderung
zur Selbstliebe ist

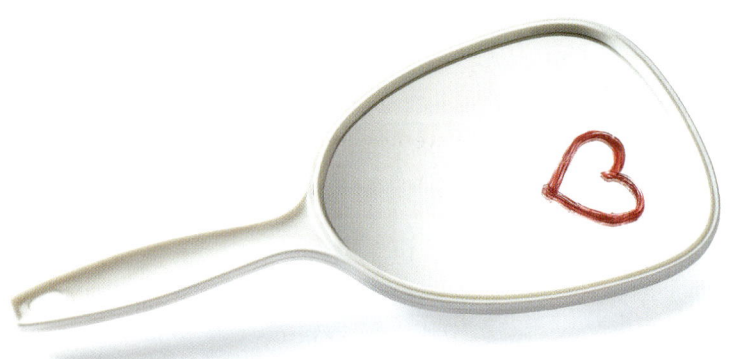

„Du sollst deinen Nächsten lieben wie dich selbst!" Es ist einer der Kernsätze des Alten Testaments. Man soll in seinem Verhalten keinen Unterschied machen zwischen du und ich. Was für mich gut ist, das soll auch anderen zustehen. „Wie dich selbst", so soll man andere lieben. Geht es hier auch um Selbstliebe?

Der Zusammenhang, in dem das Gebot der Nächstenliebe im 3. Buch Mose 19 steht, legt das gerade nicht nahe: „Du sollst in deinem Weinberg nicht die abgefallenen Beeren auflesen, sondern dem Armen und Fremdling sollst du es lassen. Du sollst dem Tauben nicht fluchen und vor den Blinden kein Hindernis legen. Du sollst dich nicht rächen noch Zorn bewahren gegen die Kinder deines Volks. Du sollst deinen Nächsten lieben wie dich selbst." Es geht um das gute Tun, nicht um Liebe als ein Gefühl. Sinngemäß wird ja gesagt: Behandle deinen Nächsten so, wie du in seiner Situation selbst behandelt werden willst, mit Respekt und Großmut. Die Goldene Regel mit anderen Worten.

Jesus von Nazareth erklärte die alttestamentlichen Gebote der Gottes- und Nächstenliebe zum höchsten Gebot. Aber er sagte auch: „Wenn jemand zu mir kommt und hasst nicht seinen Vater, Mutter, Frau, Kinder, Brüder, Schwestern und dazu sich selbst, der kann nicht mein Jünger sein" – so zitiert ihn das Lukasevangelium (14,26).

Auch hier geht es nicht um Gefühle, sondern um das richtige Tun. Blutsbande und Eigeninteressen werden schroff zurückgewiesen. Der Jünger soll Christus gleichwerden, der sich selbst entäußerte, Knechtsgestalt annahm, sich erniedrigte bis zum Tod am Kreuz (Philipperbrief 2,7). Märtyrer,

Asketen und Mönche folgten diesem Aufruf und prägten Techniken der Selbstkultivierung: die Beichte, die Meditation, das innere Zwiegespräch im Gebet.

Heutzutage ist es eine Binsenweisheit, dass nur derjenige lieben kann, der sich auch selbst annimmt. Menschen, denen jegliche Selbstachtung fehlt, können nicht zu ihren Stärken und Schwächen stehen. Ebensowenig können sie andere realistisch einschätzen und annehmen.

Selbstverleugnung versus Selbstliebe? Seit der Zeit Jesu hat sich vieles verändert. Wer heute von Liebe spricht, meint „vor allem das Gefühl und weniger die Tat". Überdies denkt er viel mehr über sich und seine Empfindungen nach, als es die Menschen zu biblischen Zeiten taten. Im Laufe der Jahrhunderte ist Innerlichkeit an die Stelle von Götter- und Geisterwelten getreten. Der Mensch erklärt sich selbst zum Thema, in Beichtgesprächen, Tagebüchern und Meditationsübungen.

„Selbstliebe ist das erste Gefühl eines Kindes; das zweite, welches diesem entspringt, ist die Liebe zu denen, welche seine Umgebung bilden": Der schweizerisch-französische Philosoph Jean-Jacques Rousseau wies damit auf etwas Wichtiges hin: Liebe zu anderen setzt innere Stabilität und Selbstachtung voraus. Erst der dänische Philosoph Sören Kierkegaard bezog Rousseaus Erkenntnis auf das biblische Gebot. „Wie dich selbst", betonte er, so solle man seinen Nächsten lieben. Mit diesem Gebot werde die Selbstliebe an Nächstenliebe gebunden. Beides sei falsch: Dass man sich „selbstisch liebt", also in Narzissmus verharrt, und dass man „selbstisch sich selbst nicht auf die rechte Weise lieben will".

Am Anfang aller Liebe steht gleichwohl die Erfahrung, geliebt zu werden. Deswegen ist Elternliebe wichtig. Nur ist sie nicht immer entscheidend. Manche Menschen entwickeln Selbstachtung, obwohl ihre Eltern sie emotional ablehnten. Von „Resilienz" sprechen dann die Psychologen. Es gebe eine Gottesliebe unabhängig von der der Eltern, sagen die Theologen.

Die Bibel fordert nicht zu Selbstliebe auf, sie setzt sie voraus. Und sie ermahnt, sich nicht von Eigeninteressen dominieren zu lassen. Jesus von Nazareth schätzte das alte Gebot hoch. Narzissmus wies er zurück, ebenso, nur der eigenen Familie verpflichtet zu sein. Er forderte auf, anderen unabhängig von familiärer, ethnischer oder sonstiger Bindung beizustehen. Wer das tut, der liebt seinen Nächsten.

Burkhard Weitz

„Auge um Auge, Zahn um Zahn" – eine gute Regel?

Das Recht auf Vergeltung leitet mancher aus den jüdischen Gesetzen des Alten Testaments ab. Ein Missverständnis zweifellos

Es ist eine von Journalisten geliebte Redewendung, wenn es um unerbittlichen Streit und Vergeltung geht. Zum Beispiel zwischen Israel und Palästina. „Auge um Auge – der biblische Krieg" titelte „Der Spiegel" einmal, um die Unversöhnlichkeit und die Rachegelüste auf beiden Seiten anzuprangern. Und auch die Erschießung Osama Bin Ladens durch US-Soldaten im Mai 2011 ist für das Magazin Konsequenz dieser Rache-Regel. In politischen Reden taucht dieses Zitat nicht selten auf, denn es garantiert besondere Aufmerksamkeit, sind die Worte doch durch die Autorität der Bibel gedeckt.

Nach landläufiger Meinung berechtigen die jüdischen Rechtsnormen der Bibel jeden, dem ein Auge oder ein Zahn ausgeschlagen wurde, dies zur Vergeltung auch bei dem Täter zu tun. Angeblich stehe das im Buch Exodus / 2. Buch Mose, im 21. Kapitel: „Wenn es ein tödlicher Unfall ist, gibst du Leben für Leben, Auge für Auge, Zahn für Zahn, Hand für Hand, Fuß für Fuß …" Aber die meisten werden den jüdischen Satz durch eine Bemerkung Jesu aus der sogenannten Bergpredigt kennen: „Ihr habt gehört, dass den Alten gesagt ist: Auge um Auge, Zahn um Zahn. – Ich aber sage euch: … Wenn dich einer auf die rechte Wange schlägt, dann halte ihm auch die andere hin" (Matthäus 5,38f.).

Die Geschichte dieses Satzes ist eine Geschichte von Missverständnissen. Das schlimmste: „Die Juden" suchen blutige Vergeltung, während „die Christen" einen friedlichen Ausgleich wollen. Das Zitat Jesu aus der Bergpredigt wird von vielen herangezogen, die gezielt antijüdische Ressentiments streuen. Und es wird von anderen gedankenlos verwandt, was aber ebenfalls eine verheerende Wirkung entfaltet.

Dabei ist das Anliegen beider Aussagen – das des jüdischen Rechts und das der Bergpredigt – sehr ähnlich: Sie sollen zur Deeskalation beitragen, zum Beispiel die Blutrache eindämmen. Es soll nicht gehen wie in der Mordgeschichte von Kain und Abel, in der es heißt: „Kain soll siebenmal (!) gerächt werden …" Die jüdische Rechtsnorm „Zahn um Zahn" begründet überhaupt keine Rache oder einen Rechtsanspruch, dem Verursacher einer Körperverletzung den gleichen Schaden zuzufügen. Sie hat einen anderen Sinn: Sie soll zum Rechtsfrieden beitragen.

Sie appelliert an den Verursacher einer Gewalttat, dem Geschädigten eine Kompensation anzubieten. Das macht die Bibelstelle anhand konkreter Fälle deutlich: zum Beispiel, wenn eine Schwangere bei einem Handgemenge ihr Kind verliert – Entschädigung statt Vergeltung.

Dass es nicht um Rache geht, zeigt sich auch in der jüdischen Geschichte. Es hat kein einziges rabbinisches Gericht gegeben, das eine körperliche Vergeltungsstrafe zugelassen hat, erst recht nicht, einem Menschen ein Auge auszuschlagen. Der in Deutschland und Israel viel beachtete Rabbiner David Bollag schreibt: „Jedem rabbinischen Richter ist klar, was ‚ajin tachat ajin' (Auge für Auge) bedeutet: Der Angeklagte muss die Verletzung, die er einem anderen zugefügt hat, finanziell entschädigen." Rechtssystematisch ist „Auge um Auge" also keine Regel des Strafrechts, sondern des bürgerlichen Rechts, also der Haftung, der Wiedergutmachung. Der Vergeltungsgedanke hat hier keinen Platz.

Auch eine antijüdische Interpretation des „Auge um Auge"-Satzes durch Christen ist ungerecht, weil nicht nur im Neuen, sondern auch im Alten Testament das Liebesgebot steht: „Du sollst deinen Nächsten lieben wie dich selbst" (3. Mose 19,18).

Manche Theologen lesen die Rechtsvorschrift noch einmal anders (und wieder nicht im Sinne einer körperlichen Vergeltungsstrafe): Nicht die Menschen, sondern Gott wird die Gerechtigkeit herstellen. Auch diese Lesart ist biblisch. Sie bezieht sich allerdings auf eine spätere, redigierte Version der Norm, als die sogenannte Weisheitsliteratur die Regel ins Metaphorische veränderte.

Auch wenn der Wortlaut des Satzes „Auge um Auge" etwas anderes vermuten lässt – er ist ein Beitrag zum gesellschaftlichen Frieden.

Eduard Kopp

Stichwortverzeichnis (Auswahl)

Bibelstellenverzeichnis

Autoren

 Eduard Kopp, geboren 1953, ist Diplomtheologe. Er studierte Politik und Theologie, kam über die Mitarbeit beim Südwestrundfunk zum damaligen „Deutschen Allgemeinen Sonntagsblatt" und war dort Redakteur und Ressortleiter. In der chrismon-Redaktion ist er leitender theologischer Redakteur und unter anderem verantwortlich für „Religion für Einsteiger".

 Burkhard Weitz, geboren 1965, studierte evangelische Theologie in Bielefeld, Hamburg und Amsterdam (Niederlande) sowie vergleichende Religionswissenschaften in Philadelphia (USA). Beim Magazin chrismon ist er verantwortlich für die Abonnementausgabe chrismon plus. Nebenbei schreibt er theologische und religionswissenschaftliche Beiträge und Bücher.

Bibliografische Information der Deutschen Nationalbibliothek.
Die Deutsche Nationalbibliothek verzeichnet diese Publikation
in der Deutschen Nationalbibliografie; detaillierte bibliografische
Daten sind im Internet über http://dnb.d-nb.de abrufbar.

Umschlagfoto Sebastian Arlt

Redaktion Constanze Grimm / Elke Rutzenhöfer

Bildredaktion Dorothee Hörstgen

Gestaltung Mareike Benrath, Hansisches Druck- und Verlagshaus GmbH

Fotonachweise
Katrin Binner: S. 28; Bea Emsbach: S. 100; iStock: S. 80; Michael Ondruch:
S. 8, 12, 16, 20, 24, 36, 40, 44, 48, 52, 56, 60, 64, 68, 72, 76, 84, 92, 104, 108,
116, 120, 124; Michael Ondruch, Mihaela Ninic/plainpicture: S. 112;
plainpicture: S. 88, 96; Lena Uphoff: S. 32

Druck und Bindung GRASPO CZ a.s., Zlín

ISBN 978-3-86921-274-6